Die Curry-Clique

Geschichten zur Gewaltprävention

Übungs- und Erziehungshilfen für Lehrer, Trainer und Eltern

Christian Lüdke und Peter Trapski (Text)
Andreas Becker (Illustration)

Mit einem Vorwort
von Prof. Dr. Rudolf Egg

Economica Verlag

für Eva, Kerstin und Antje

Bibliografische Information der Deutschen Bibliothek

Die Deutsche Bibliothek verzeichnet diese Publikation in der Deutschen
Nationalbiografie; detaillierte bibliografische Daten sind im Internet über
<http://dnb.ddb.de> abrufbar.

ISBN 978-3-87081-766-4

© 2008 Economica-Verlag, Verlagsgruppe Hüthig Jehle Rehm GmbH,
Heidelberg, München, Landsberg, Berlin.

www.hjr-verlag.de

www.curry-clique.de
Text: Christian Lüdke und Peter Trapski
Layout und Grafik: Andreas Becker
Redaktion: Barbara Imgrund
Druck: Kessler Druck + Medien, D-86399 Bobingen

Printed in Germany

Inhalt

Grußwort

„Das gibt sich",
sagen schwache Eltern über die Fehler ihrer Kinder.

„O nein, es gibt sich nicht, es entwickelt sich!"
Marie von Ebner-Eschenbach (1830–1916)

Was Kinder anbelangt, kann jeder mitreden – schließlich sind wir alle einmal
Kind gewesen. Wir wissen, wie es war, wenn wieder mal etwas nicht geklappt hat,
wenn wir uns hilflos, traurig oder auch stark und mutig fühlten. Und dann gab es
ja auch immer noch Erwachsene, die sich kümmerten.
Das war gut so – und manchmal auch nicht so gut.

Ich freue mich, meine Heimatstadt Recklinghausen darin unterstützen
zu können, Kinder für dieses Leben stark zu machen. Das kann nur gelingen,
wenn die „Großen" mit einbezogen werden. Denn eines wissen wir alle:
Ohne starke und hoffnungsvolle Kinder gibt es keine starke Zukunft.

Machen wir uns daher gemeinsam auf den Weg, Kinder und Eltern zu stärken!

Recklinghausen im Januar 2008,

Hape Kerkeling

Modellregion für Erziehung in Recklinghausen
Ein Projekt zur Gewaltprävention von Familien
http://modellregion-erziehung.de

Geleitwort

„Ach, was muss man oft von bösen Kindern hören oder lesen!" So beginnt die allseits bekannte Bubengeschichte in sieben Streichen über Max und Moritz von Wilhelm Busch. Wer sich heute an Kinder und Jugendliche wenden will, um ihnen die Themen Gewalt, Kriminalität und Drogen nahezubringen, der kann freilich nicht einfach mit erhobenem Zeigefinger von der armen Witwe Bolte oder dem bedauernswerten Meister Böck erzählen, sondern muss Szenen beschreiben, die aus dem Alltag junger Menschen von heute stammen und darum nachvollziehbar sind. Dabei darf es dann auch keine einfachen Lösungen oder gar die Drohung mit einem schlimmen Ende geben – beides nehmen die Kids sowieso nicht ernst. Wichtig ist vielmehr, dass die Personen und die Geschichten selbst glaubhaft sind und dass sie zum Diskutieren und Nachdenken anregen.

Peter Trapski und Christian Lüdke erzählen in diesem Buch die Geschichte der Curry-Clique, einer Bande von „Spitzbuben" und einem Mädchen, die sich regelmäßig an der Pommesbude von Fritten-Herta trifft. In sieben Geschichten erfahren wir verschiedene aufregende Erlebnisse dieser Gruppe und lernen dabei in lockerer Form einige recht komplexe Themen wie Horrorvideos, Kiffen, Schlägerei, Erpressung oder Amoklauf kennen. Am Schluss gibt immer Fritten-Herta ihren Kommentar dazu ab, ohne dass dies das jeweils letzte Wort dazu wäre. Die Geschichten sollen nämlich nicht von oben herab belehren oder gar abschrecken, sondern wollen ermuntern, gemeinsam Lösungswege für ein gewaltfreies Miteinander zu suchen. Dazu finden sich in dem Buch zusätzlich zu den Geschichten zahlreiche Informationen, Übungen, Tipps und Hinweise, wie man mit dem jeweiligen Gewaltthema besser umgehen könnte. Sie sind in erster Linie als Trainingshilfen für Lehrer und Erzieher gedacht. Wer will, kann aber auch auf eigene Faust darin schmökern und sich seine Gedanken dazu machen – allein oder mit anderen Kids.

Damit das Ganze im wörtlichen Sinne nicht eintönig wird, hat Andreas Becker zahlreiche farbige Illustrationen beigesteuert; Deutschlands beliebter Fernsehkoch Johann Lafer schließlich sorgt durch sein Rezept der Currywurst „La Ola" für eine schmackhafte Abrundung. Ich wünsche dem Buch viele interessierte Leserinnen und Leser sowie engagierte Pädagogen und Eltern, die dazu beitragen, dass seine Botschaft auch in die Tat umgesetzt wird: nämlich Wege aufzuzeigen zu einer friedfertigen Gesellschaft und einer gewaltfreien Schulkultur.

Prof. Dr. Rudolf Egg
Direktor der Kriminologischen Zentralstelle in Wiesbaden (KrimZ, www.krimz.de)
Vorstandsvorsitzender der Stiftung „Deutsches Forum für Kriminalprävention"
(DFK, www.kriminalpraevention.de)

Über dieses Buch

Eine Curry-Clique und Currywurst gegen Gewalt? Wie passt das zusammen, und was verbirgt sich hinter diesem rätselhaften Titel? Mit unseren Geschichten zur Gewaltprävention wollen wir Übungs- und Erziehungshilfen für Lehrer, Trainer und Eltern geben. Nicht moralinsauer, sondern als – zugegebenermaßen ungewöhnliches – Angebot, das pädagogisch, didaktisch oder auch verhaltenstherapeutisch genutzt werden kann, um Kindern und Jugendlichen eine gewaltfreie Zukunft zu ermöglichen.

In diesem Sinne ist dieses Buch als „Rat-Geber" zu verstehen und soll „kein Rad-Schläger "sein, der dem Leser nur „Schlag-Worte" um die Ohren haut. Wir wollen Kinder und Jugendliche als Symptomträger von Aggression und Gewalt unserer Gesellschaft zeigen und ihnen unsere Aufmerksamkeit und unser Gehör schenken, um gemeinsam eine friedfertige und gewaltfreie Gesellschaft gestalten zu können.

Essen und Lünen im Frühling 2008,
Peter Trapski, Christian Lüdke und Andreas Becker

Und jedem stellt sich am Ende nur eine Frage:
„Was ist das Geheimnis der Currywurst?"

Wichtiger Hinweis:

Der übermäßige Konsum von Currywurst kann zu Fettleibigkeit und Friedfertigkeit führen. Zu Risiken und Nebenwirkungen fragen Sie Ihre Verkäuferin an Imbiss oder Wursttheke.

Currywurst gegen Gewalt

„Wer satt und zufrieden ist, prügelt sich nicht."

Begriffsklärung

Kinder und Jugendliche (gesetzliche Altersstufen im Strafrecht):

Kinder   bis einschließlich 13 Jahre

Jugendliche   14 bis einschließlich 17 Jahre

Heranwachsende   18 bis einschließlich 20 Jahre

Erwachsene   ab 21 Jahre

Resilienz, lat. Resilire: Zurückspringen, abprallen, Abstand nehmen, stammt aus der Biologie und bedeutet dort Spannkraft, Elastizität und Beweglichkeit. Psychotherapeuten und Psychologen bezeichnen damit die seelische und innere Widerstandskraft, die uns Misserfolge, Krisen, Risikosituationen und Niederlagen meistern lässt und Schicksalsschläge bewältigen hilft. Resilienz ist der Wille zu überleben. Resilienz ist die Fähigkeit des Stehaufmännchens, wieder aufzustehen.

Kinder und Jugendliche werden als resilient bezeichnet, die in einem risikobelasteten sozialen Umfeld aufwachsen, das durch Risikofaktoren wie z.B. Armut, Drogenkonsum oder Gewalt gekennzeichnet ist und sich dennoch zu erfolgreich sozialisierten Erwachsenen entwickeln. Bei Kindern und Jugendlichen ist es möglich, Resilienz in Familie, Kindergarten, Grundschule und Sportvereinen mit Hilfe verschiedener Programme zu fördern.

…die Autoren Peter Trapski,
Christian Lüdke und Andreas Becker
zum Thema Currywurst:
„boa, da könnte ich mich reinsetzen"!

Foto: Gabriele Protze (www.bildnis.de)

Die Curry-Clique

Currywurst

(gesungen von Herbert Grönemeyer, Text: Diether Krebs)

Gehse inne stadt
wat macht dich da satt
'ne currywurst

kommse vonne schicht
wat schönret gibt et nich
als wie currywurst

mit pommes dabei
ach, dann gebense gleich
zweimal currywurst

bisse richtig down
brauchse wat zu kaun
'ne currywurst

willi, komm geh mit
ich krieg appetit
auf currywurst

ich brauch wat in bauch
für mein schwager hier
auch noch ne currywurst

willi, is dat schön
wie wir zwei hier stehn
mit currywurst

willi, wat is mit dir
trinkse noch 'n bier
zur currywurst

ker scharf is die wurst
mensch dat gibt'n durst,
die currywurst

bisse dann richtig blau
wird dir ganz schön flau
von currywurst

rutscht dat ding dir aus
gehse dann nach haus
voll currywurst

aufm hemd auffer jacke
ker wat ist dat ne kacke
alles voll currywurst

komm willi
bitte, bitte, komm geh mit nach hause
hörma ich kriegse wenn ich so nach
hause komm
willi, willi, bitte, du bisn kerl nach
mein geschmack
willi, willi, komm, geh mit, bitte willi

Die Charaktere

Manni: Der Chef

Bringt die negativen Einflüsse in die Clique. Er hat keine wirklichen Bezugspersonen – die Eltern kommen dafür nicht in Frage, weil sie berufstätig stark eingebunden und nie verfügbar sind; Hilfskräfte wie Haushälterin oder Nachhilfelehrer können keinen Ersatz bieten. Die Familie ist finanziell sehr gut gestellt. Manni wird von der Gruppe bewundert und leitet daraus seinen Führungsanspruch ab. Im Grunde ist er eifersüchtig auf die anderen Gruppenmitglieder, die entweder ein geordnetes Elternhaus haben oder sinnvollen Hobbys (Sport, Karate) nachgehen. Auch er würde gern mehr mit den Eltern unternehmen. Bestellt die Currywurst immer als Erster.

Mike: Der Oberschlaue

Hat mit körperlicher Bewegung wenig am Hut. Traditionell wird in der Familie viel diskutiert und über alles geredet. Er bringt aufgrund seiner sprachlichen Kompetenz viele Lösungsansätze in die Gruppe. Zuhause muss er viel Verantwortung übernehmen, da die Mutter pflegebedürftig ist. Der Vater ist an der Universität Professor für Kommunikation. Von ihm hat Mike viel gelernt, was er im täglichen Leben umzusetzen versucht. Isst gern auch mal eine doppelte Currywurst extra-scharf!

Rollo: Karate-Kid

Ist Einzelkind und lebt bei seiner Mutter; den Vater hat er nie kennen gelernt. Seit drei Jahren macht er Karate und hat den grünen Gürtel. Er ist von seinem Karatelehrer Piet, dem Sport und auch von dessen geistigem Hintergrund fasziniert. Der Meister ist mittlerweile eine Art Vaterfigur für Rollo. Wenn er Rat braucht, fragt er ihn. Rollo isst von der Currywurst-Portion nur das Brot und die leckere Soße.

Kazim: Der Ausländer

Hat Migrationshintergrund. Seine türkische Groß-familie hält sehr zusammen. Der Vater ist fleißig und arbeitet bei Opel, die Mutter ist strenggläubig. Kazim hält sich genau an alle Familienregeln, gerät aber immer wieder in kulturelle Konflikte. Lösungen findet er nur in Gewalttätigkeiten, mit denen er seine Frustration abbaut. Sein Vorbild ist Manni; dem „Chef" ist er sozusagen hörig. Mag keine Currywurst bzw. darf sie aus religiösen Gründen nicht essen.

Joy: Die Cliquen-Queen

„Joy" heißt Freude, und der Joystick ist ihre Leiden-schaft. Sie ist ein richtiges Mädchen und trotzdem ein Computer- und Internetfreak. Ihr Vater ist Techniker und sitzt derzeit im Knast. Wegen ihrer Computer-kenntnisse wird sie von der Clique akzeptiert. Isst die Currywurst („Hüftgold") gern nachgewürzt.

Fritten-Herta: Die Imbisswirtin

Sie kennt das wirklich wahre Leben. Ihre Pommes-bude heißt „Teufelsküche". Fast jeden Tag hört sie die Imbissbudengespräche von Manni, Mike, Rollo, Kazim und Joy mit an. Herta hat ein Herz aus Gold und gibt im Anschluss an die Geschichten ihren Senf dazu. Ihre Kommentare regen zum Nachdenken an. Hertas Lebensmotto lautet: „Das Leben ist hart. Und ich bin Herta!" Vor allem, wenn's um die Wurst geht. Man könnte fast sagen, Fritten-Herta sei so eine Art Fastfood-Konfuzius. Ihr Lieblingsspruch: „Wenn ich du wäre, wäre ich lieber ich!" Tolle Wurst!

Die Currywurst

Eine gebratene oder frittierte Brüh- oder Bratwurst, die meist geschnitten und mit einer Sauce auf Basis von Ketchup oder Tomatenmark und Currypulver serviert wird. Die üblichen Beilagen sind Brötchen oder Pommes frites. Erfunden wurde die Currywurst von Herta Heuwer am 4. September 1949 in Berlin. Und die Currywurst hat ein Geheimnis.

„WA" Harmonie und Friede

Das hammergeile Video

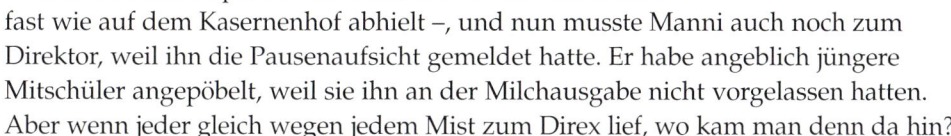

Das war wieder so ein Tag, den Manni am liebsten gleich wieder vergessen hätte! In der Schule hatte er sich eine glatte Fünf in Englisch eingehandelt, dann die nervige Sportstunde mit dem „General" – so nannte die Klasse Sportlehrer Grau, weil er den Unterricht fast wie auf dem Kasernenhof abhielt –, und nun musste Manni auch noch zum Direktor, weil ihn die Pausenaufsicht gemeldet hatte. Er habe angeblich jüngere Mitschüler angepöbelt, weil sie ihn an der Milchausgabe nicht vorgelassen hatten. Aber wenn jeder gleich wegen jedem Mist zum Direx lief, wo kam man denn da hin?

Manni beschloss, zu Fuß nach Hause zu gehen, obwohl es regnete. Irgendwie war ihm danach. Es war ja nur eine Bushaltestelle. Er wohnte in Essen-Bredeney, nur einen Kilometer vom Gymnasium entfernt. Irgendwie war ihm danach, einfach durch den Regen zu laufen.

Zu Hause hatte Maria, die Haushälterin, das Essen für ihn und seinen Bruder Carlos in der Küche vorbereitet: Currywurst mit ordentlich Pommes. Tagsüber arbeiteten Mannis Eltern. Der alte Herr war im Vorstand einer großen Gasfirma, und die Mutter war Oberärztin im Klinikum. Oft musste sie auch über Mittag operieren, da lohnte es sich nicht, extra heimzufahren. Das Zimmer von Manni war riesig groß und üppig ausgestattet: TV mit Großbildschirm, Playstation II, PC der neusten Generation, den Kleiderschrank voller Markenklamotten – die brauchte man nämlich auf der Schule, um die anderen zu beeindrucken. Wenn man eine Jacke von Helly Hansen anhatte, wussten die, was das kostete. Trotzdem: So rechten Spaß machte ihm das alles heute nicht.

Was lag denn noch an? Gab es etwas, worauf Manni sich stattdessen freuen konnte? Doch, ja, denn um 16 Uhr kam Conni! Conni gab ihm zweimal pro Woche Nachhilfe in Mathe. Man muss wissen, dass Manni fast täglich Nachhilfe bekam, denn er stand nicht nur in Englisch schlecht. Aber außer in den Nachhilfestunden tat Manni ja auch nicht viel für die Schule. Und er war ehrlich froh, dass seine Eltern gar keine Zeit hatten, abends seine Hausaufgaben zu kontrollieren. Ma war dann oft müde, und der alte Herr war sowieso nur wenige Tage in der Woche zuhause.

Aber heute würde Conni kommen. Für sie schwärmte Manni von ganzem Herzen. Conni war 22 und Mathematikstudentin. Sie hatte lange blonde Haare und eine Figur wie aus einer Modezeitschrift. So eine Freundin wünschte sich Manni. Für die Mädels aus seiner Klasse konnte er sich nicht begeistern.

Sein Bruder Carlos war nicht da und Maria beim Einkaufen. So machte sich Manni das vorbereitete Essen in der Mikrowelle warm und schaltete die Glotze an. Aber auch nach endlosem Zappen war nichts Aufregendes im Programm. Carlos hatte ihm erzählt, er sei mit Freunden für zwei Tage nach Holland gefahren. Er hatte im letzten Jahr Abitur gemacht und vom alten Herrn einen GTI geschenkt bekommen. Bevor der „Ernst des Lebens" und das Studium beginnen würden, solle er sich ruhig erst mal die „Hörner abstoßen", hatte Manni den alten Herrn zu Ma sagen hören. Und das tat Carlos nun schon fast ein Jahr. Mann, hatte der es gut! Er hatte ein eigenes Auto und war unabhängig und frei. Na ja, fast.

Manni fand die Welt heute wirklich ungerecht. Er ging in die Garage, holte Carlos' Moped, zog die Regenjacke an, den Helm auf und drehte ein paar Runden. Seitdem sein Bruder das Auto hatte, war das Moped für ihn sowieso abgeschrieben. Ja, es gehörte schon fast Manni, auch wenn er den Führerschein noch nicht hatte und die Polizei ihn nicht beim Fahren erwischen durfte. Aber jetzt, um diese Zeit, war es unwahrscheinlich, dass die Bullen hier vorbeikamen. Manni wohnte in der feinsten Gegend von Essen: Villen, großzügige Grundstücke, ruhige, wenig befahrene Straßen. Ab und zu begegneten ihm private Sicherheitsdienste, die die Häuser bewachten. Manni wusste, dass die Security-Leute ihn nicht anhalten

durften. Außerdem sah er älter aus als er eigentlich war. Er war groß und schlank und ging locker für 17 durch. Mit Helm und Regenjacke seines Bruders sah er auch aus wie Carlos.

Als er heimkam, war Maria schon vom Einkaufen zurück. Sicher hatte sie mitbekommen, dass Manni mit dem Moped unterwegs war. Aber auf Maria konnte er sich verlassen, sie machte ihm keine Vorwürfe und erzählte auch seinen Eltern nie etwas. Maria war okay.

Es klingelte. Das war Conni. Es fiel Manni wieder äußerst schwer, sich auf die Matheaufgaben zu konzentrieren. Er stellte sich vor, dass er zusammen mit Conni im Auto nach Holland fahren würde. Sie würden am Strand in der Sonne liegen,

knutschen und Big Pommes essen. Conni
hingegen nahm den Unterricht sehr ernst;
außerdem ahnte sie nicht, was wirklich in
Mannis Kopf vorging. Sie betreute noch
mehrere Nachhilfeschüler und hatte ihm
erzählt, dass sie das Geld brauchte, um
ihr Studium zu finanzieren. Solche Sorgen
kannte Manni Gott sei Dank nicht.

Die Nachhilfestunde war viel zu schnell um,
und nachdem Conni gegangen war, ging
Manni ins Zimmer seines Bruders Carlos,
das heute mal nicht abgeschlossen war.
Das hatte Carlos wohl vergessen. So eine
Gelegenheit bot sich Manni nicht oft.
In seiner Playstation fand Manni ein Spiel
eingelegt, von dem er noch nie gehört hatte: Offensichtlich hatte Carlos sich das
in Holland besorgt, das konnte man dem Cover entnehmen. „Der Schlächter von
Schleswig. Saugut, saugeil, saubrutal" stand dick und fett darauf. Ziel des Spiels:
„Töte möglichst viele Typen auf die perverseste, quälendste und brutalste Art
und stell dir dein eigenes Leichenpuzzle zusammen." Das war ja wirklich ein
Hammerspiel! Manni überlegte kurz und entschied sich, das Ding mit seinen
Freunden zu testen. Carlos blieb ohnehin noch bis morgen in Holland, und die
Gelegenheit, dass sein Zimmer unverschlossen war, kam äußerst günstig.
Kurz entschlossen schickte er eine SMS an Kazim, Mike, Rollo und Joy:
„Heute um 18.30 Uhr bei mir. Playstation, supergeiles Spiel, steht nur heute
zur Verfügung! Wer kommt?"

Eigentlich hätte sich Manni ja denken können, dass Rollo absagen würde:
„Kann nicht, muss zum Karatetraining." War ja auch klar, nicht umsonst nannten
sie ihn schließlich Karate-Kid. Jeden Tag hing er in seinem Club und laberte ihnen
die Ohren voll mit seinen Samuraigeschichten.

Kazim war der Erste, der kommen wollte: „Bin um 18.30 Uhr bei dir. Wie heißt
das Spiel?" Kazim war ein Kumpel von Manni; sie kannten sich noch aus seiner
alten Klasse, die Manni in diesem Jahr wiederholen durfte. Ihm hatte Manni auch
sein altes Handy geschenkt, denn Kazims Familie hatte wenig Geld, und der Vater
wollte nicht, dass Kazim so früh ein Handy besaß. Auch Joy meldete sich schnell
und sagte zu. Es war schwer, Joy in Computerspielen zu schlagen. Sie war ein
Ass in allem, was mit Computerfragen zu tun hatte. Wenn es ein Problem mit
dem PC gab, musste man nur Joy fragen; sie löste es in der Regel. Freundinnen
hatte sie wenige, sie fühlte sich wohler mit den Jungs.

„He Mike, hast du meine SMS nicht bekommen?", fragte Manni am Handy. „Doch, aber ich hatte noch zu tun". – „Dann trab mal an, oder hast du wieder keine Zeit"? – „Nein nein, ich komm ja. Dann bis nachher."

Kazim trudelte als Erster bei Manni ein, obwohl er den weitesten Weg hatte. Er wohnte in Essen-Kray. Sein Vater war vor 25 Jahren aus der Türkei nach Deutschland gekommen und arbeitete bei Opel in Bochum. Kazim hatte wie Manni einen älteren Bruder und noch zwei jüngere Schwestern. Alle zusammen bewohnten eine neunzig Quadratmeter große Wohnung. Von eigenen Zimmern konnte man in Kazims Familie nur träumen. Er teilte sich ein Zimmer mit seinem Bruder, der in Bochum Maschinenbau studierte. Für Kazim war Manni der Größte, in Sachen Lebensstil und Geld das absolute Vorbild: wie er wohnte, die Kohle, die die Familie hatte, die Klamotten, die Manni trug, immer das neuste Handy … Da wollte Kazim später auch mal hin. Vor Manni schämte er sich sogar ein wenig für seine Familienverhältnisse. Seine Eltern waren gläubige Muslime, und man musste in der Wohnung immer die Schuhe ausziehen. Deshalb hatte er Manni auch noch nie mit zu sich nach Hause genommen. Er dachte, dass seine Freunde sicher nicht verstehen würden, was da abging.

„Zeig mal das Spiel. Woher hast du es?", fragte Kazim. „Es gehört meinem Bruder", antwortete Manni. „Ist total abgefahren, ich hab schon mal reingeschaut, echt kranke Szenen dabei. Man kann als Killer wahllos Leute abstechen und so. Aber lass uns auf die anderen warten. Gleiche Chancen für alle."

Bis Joy und Mike endlich einliefen, hatte Manni schon Chips und Cola aus der Küche geholt. Und man diskutierte darüber, was der Gewinner bekommen würde und der Verlierer für die Gruppe tun müsse.

„Los, lasst uns endlich anfangen", sagte Mike. „Ich muss um 20 Uhr wieder zurück sein, dann ist bei uns Abendessen."

„Pfffffff", sagte Kazim, „ihr immer mit eurem Abendessen."

Ja, das war so bei Mikes Vater, der Psychologe und Kommunikationswissenschaftler war. Die Mutter war an den Rollstuhl gefesselt und arbeitete von zuhause aus für einen Verlag. Kazim war mal zum Abendessen dort gewesen. Jeden Tag erzählten alle, was los gewesen war und was sie erlebt hatten. Jeder hörte jedem zu, das war fast schon so eine Art Zeremonie. Aber bei Kazim zuhause aß die Familie ja eigentlich auch immer zusammen. Darauf legte der Vater großen Wert. Das machte man, weil man das eben so macht in Familien. Dafür war man ja Familie.

„Der Schlächter von Schleswig. Saugut, saugeil, saubrutal", las Joy vor. Sie hatte unterdessen das Spiel kurz angespielt und erklärte allen gleich die Spielvarianten. „Aber, Jungs, Ihr wisst ja, das Spiel ist verboten, steht hier. Ich hab auch schon im Internet eine Beschreibung darüber gelesen. Es ist hier in Deutschland gar nicht zu bekommen und zurzeit das brutalste überhaupt auf dem Markt!"

„Geil, wir haben das härteste Spiel überhaupt, das glaubt uns keiner.
Wir sind die Größten", sagte Manni.

Nach einer halben Stunde Spielzeit wollte Mike eine Auszeit und ging zur Toilette. Er war schon vorher auffällig ruhig geworden, während die anderen drei sich gegenseitig immer weiter aufgeputscht hatten. Das übertraf aber auch wirklich alles, was Mike bisher gesehen hatte. Ja, ihm war richtig schlecht geworden. Aber das konnte er natürlich unmöglich zugeben. Dann würden sie ihn wieder „Weichei" nennen. Das war schon mal vorgekommen, als er eine Schlägerei, die Kazim angezettelt hatte, schlichten wollte.

Er war in einer Zwickmühle. Lange konnte er nicht mehr mit ansehen, wie menschliche Körperteile auf den virtuellen Gehwegen verteilt wurden. Sieger war schließlich der, der die meisten Typen möglichst brutal killte. Was sollte er nur tun? Da kam ihm eine Idee. Er schickte Rollo eine SMS: „Ruf mich in fünf Minuten doch mal an!" Dann ging er wieder zu den anderen.

„Hat aber lange gedauert", meckerte Kazim. Mike antwortete nicht. Warum rief Rollo nicht an? Es wurde langsam unerträglich für Mike. Joy war auch schon wesentlich ruhiger geworden. Da, das Handy klingelte! „Ja, Mama", antwortete Mike. „Bleib, wo du bist, ich komme gleich! In einer Viertelstunde bin ich da!"

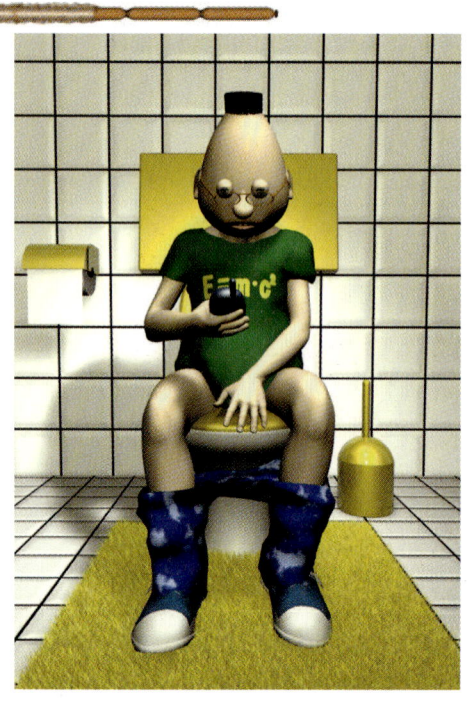

Er legte auf und sagte zu den anderen: „Ich muss sofort nach Hause, meine Mutter ist mit dem Rollstuhl gestürzt, macht ohne mich weiter!" Das war der Trick, mit dem er sich aus der Situation herausmanövrierte, ohne das Gesicht zu verlieren. Vor dem Haus auf dem Fahrrad rief Rollo noch mal an. „Was ist denn mit dir los, spinnst du?"

„Erklär ich dir später, ich kann jetzt nicht reden."

Aber als Mike Richtung Heimat radelte, kam er sich irgendwie schäbig vor. Was hatte er da getan? Seine kranke Mutter vorgeschoben, nur weil er nicht den Mut hatte, zu sich zu stehen und seinen Freunden eine Absage zu erteilen. Aber gerade da lagen doch seine Stärken. Er war als überzeugender Redner bekannt, war Klassensprecher und Schulsprecher und hatte sogar die Laudatio für den alten Direktor bei dessen Verabschiedung gehalten. Aber hier hatte er ein saublödes Gefühl.

Beim Abendessen war Mike sehr still. „Was ist denn mit dir los?", fragte seine Mutter.

„Ach nö, nichts, mir ist bloß ein bisschen schlecht!" Mike konnte doch unmöglich gestehen, was er da heute verzapft hatte. Obwohl gerade solche Dinge geklärt werden mussten. Der Vater sagte immer: „Ich bin stolz auf uns und darauf, dass in unserer Familie so ein großes Vertrauen herrscht. Das ist gar nicht selbstverständlich." Und er musste es ja schließlich wissen, er war ja Psychologe und Kommunikationswissenschaftler und legte viel Wert auf Offenheit und Ehrlichkeit.

Mike murmelte: „Ich gehe auf mein Zimmer. Muss noch was für die Schule tun." Es dauerte noch genau eine Stunde und 45 Minuten, dann hatte Mike den inneren Schweinehund besiegt. Er ging hinunter ins Wohnzimmer, nahm seine Mutter in den Arm und gestand die ganze Geschichte. „Ich schäme mich so, Mama!"

Sie küsste ihn auf die Stirn und sagte ohne jeden Vorwurf:
„Du bist ein guter Junge, ich bin sehr stolz auf dich!"
Und in den Augen seines Vaters konnte man ein Lächeln erahnen,
wenn man ganz genau hinsah.

Fritten-Hertas Kommentar

Jugendliche spielen gern Computerspiele. Das haben wir früher doch auch gemacht; nur eben ohne Computer, die gab es ja noch nicht. Allerdings sollte man das Risiko, das von diesen Spielen ausgeht, nicht auf die leichte Schulter nehmen: Spaß und Vergnügen verbinden sich mit Gewalt und können sogar zu Allmachtsfantasien führen. Im schlimmsten Fall entwickelt man die wahnhafte Vorstellung, man sei Herr über Leben und Tod. Das ist so, als wenn einer meint, er sei der König der Currywürste. Den gibt's doch gar nicht. Manche meiner Kunden fragen mich, ob Gewalt- und Horrorvideos aggressiv machen. Ich sage dann immer: Sie machen gar nix. Das ist genauso wie beim Alkohol. Der Alkohol macht auch nix (außer krank, wenn man zu viel davon erwischt), er holt aus einem Menschen nur das heraus, was vorher schon drin gewesen ist. Videos verstärken vorhandene Gefühle, positive wie negative – so wie wenn man eine Currywurst nachwürzt. Das verstärkt dann den vorhandenen Geschmack noch zusätzlich. Gewaltvideos können Hemmschwellen senken, ganz ähnlich wie Alkohol, Medikamente, Drogen und andere schädliche Substanzen, die auf Seele und Geist wirken.

Ich finde, man sollte die Jugendlichen aufklären und informieren. Sie sind ja nicht doof. Wenn man ihnen das ruhig erklärt, verstehen sie das auch. Ich meine, die Eltern sollten die Erziehung ernster nehmen, besonders in Sachen Fernsehgucken und Computerspielen. Stattdessen sollten sie mal wieder alle zusammen aus dem Haus gehen und etwas unternehmen.

Karate, Herta und die Klopperei

„Ichi, ni san …" Die Stimme des Kara-
temeisters zählte laut und eindringlich auf Japanisch. Rollo bemühte
sich heute besonders intensiv, die
Techniken richtig auszuführen. Sein
Sensei (so nennt man auf Japanisch
den Karatelehrer/Meister) Piet hatte
für heute ein Sondertraining zur
Prüfungsvorbereitung angesetzt, zu dem auch Rollo eingeladen worden war.
Rollo hatte den grünen Gürtel und sollte in vier Wochen den Blaugurt machen.
Er war stolz, dass der Sensei ihn ausgesucht und in den Kreis derer berufen hatte,
die sich auf die nächste Prüfung vorbereiten sollten. Karate war für Rollo inzwischen zu einem festen Bestandteil seines Lebens geworden. Zwei Jahre trainierte
er nun schon zwei- bis dreimal die Woche. Er hatte bereits an drei Turnieren teilgenommen, und auf seinem Schreibtisch stand der Pokal für einen zweiten Platz.

Rollo lebte mit seiner Mutter in Überruhr, einem Vorort von Essen. Seinen Vater
hatte er nie kennen gelernt, seine Mutter hatte ihn allein großgezogen. Aber zu
ihr hatte er ein tolles Verhältnis. Fast wie zu einer guten Freundin. Sie teilten sich
die Hausarbeiten und unternahmen viel gemeinsam. Sie war es auch, die ihn auf
Karate aufmerksam gemacht hatte. Rollos Mutter hatte früher ebenfalls lange
Jahre Karate trainiert und es bis zum braunen Gürtel geschafft. Als Kind hatte
Rollo lieber Fußball gespielt, aber nun war Karate ein spannender, fester Teil
seines Lebens geworden.

Vor seinem Sensei Piet hatte er großen Respekt, und es kam oft vor, dass er ihn
in der einen oder anderen Sache um Rat fragte. Manche Dinge musste man eben
unter Männern besprechen. Und Piet nahm sich in solch einem Fall auch Zeit für
Rollo. Im Dojo, wo sie trainierten, gab es einen Clubraum. Dort hielt sich der
Sensei oft vor dem Training auf, erledigte schriftliche Arbeiten oder bereitete die
Karatestunden vor. Rollo liebte diesen Raum: Er stand voller Pokale, die der Sensei
selbst oder das Clubteam bei Meisterschaften und Turnieren gewonnen hatte.

„Yame!" Endlich kam das Kommando für „Pause" oder „Ende". Lange hätte Rollo
auch nicht mehr durchgehalten. Das Technikprogramm für den blauen Gürtel

hatte es in sich. Aber man war dann auch in der Oberstufe des Karate angekommen. Dort, wo die Braungurte und Schwarzgurte trainierten. Zu ihnen wollte Rollo auch bald gehören.

„Rollo, deine Fußstöße müssen wir noch optimieren, das üben wir dann am Freitag", sagte der Sensei nach dem Training. „Oss!", entgegnete Rollo. Das bedeutete so viel wie: „Ja, Meister, ich werde mich bemühen, besser zu werden" oder „Ich habe verstanden". Es gefiel Rollo besonders, dass man in der japanischen „Karatesprache " mit nur wenigen Worten oder Silben relativ viel ausdrücken konnte. Überhaupt legte Sensei Piet großen Wert auf Traditionen. Er hatte sich früher oft in Japan aufgehalten und dort trainiert. Wenn Sensei Piet über Karate sprach, war es immer sehr still im Dojo – ganz anders als in der Schulklasse von Rollo, wo man sich bei dem einen oder anderen Lehrer schon mal ein paar Späße erlauben konnte. In der ersten Zeit war das sehr ungewohnt für Rollo gewesen. Aber jetzt fühlte er sich wohl im Dojo; er hatte festgestellt, dass man auch ohne viel Geplapper gut zurechtkam.

Im Karatetraining jedoch begann die Stunde mit „Mukso", einer kurzen Phase der Meditation. Man legte den Alltag ab und tauchte für die Zeit des Trainings ab in eine andere Welt. Eine Welt voll Konzentration und Wachsamkeit. Auch das Sprechen war nicht erlaubt im Dojo (es sei denn bei Spielen). Der Meister machte etwas vor, der Schüler machte es nach – erst einmal ohne zu hinterfragen, dazu war später Zeit. Man verbeugte sich auch voreinander: beim Betreten und Verlassen des Dojo, zu seinem Trainingspartner und vor dem Sensei. „Etikette" nannte Sensei Piet diese Verhaltensregeln, die er seinen Schülern beibrachte. Sie sollten den Respekt der Schüler untereinander schulen und trainieren.

An diesem Abend lief nicht mehr viel. Rollo war müde. Seine Mutter war im Pilateskurs und hatte ihm einen Zettel hingelegt: „Hallo, mein Schatz, gehe nach dem Kurs noch mit Freunden einen trinken. Du brauchst nicht auf mich zu warten. Ich hab dich lieb. Mama!"

Piep. Eine SMS meldete, dass Kazim und Manni morgen nach der Schule bei Herta sein würden, so gegen 13 Uhr. „Okay, komme auch, habe bis 13.20 h Schule. Bis dann. Rollo."

Jetzt, da klar war, dass seine Mutter später kommen würde, konnte er sich ja eigentlich noch was auf Premiere reinziehen! Dann brauchte er sich nicht immer anzuhören, dass dieser oder jener Film nichts für ihn war. Die anderen sahen diese Filme ja auch, und er wollte doch schließlich mitreden. Aber schnell merkte er, dass er nach dem Training heute wirklich nur noch sein Bett brauchte.

Hertas Pommesbude am Bredeneyer Kreuz war der angesagteste Treff nach der Schule, in Freistunden und überhaupt. Dorthin kamen auch die Schüler vom Schillergymnasium nebenan. Und natürlich auch viele von Rollos Schule. Mit Manni, Kazim, Mike und Joy traf er sich hier regelmäßig. Herta, die Besitzerin, war Ende dreißig und hatte eine Figur wie ein Zigarettenautomat – klein, breit und viereckig, und wegen ihrer roten Haare hätte man sie auch leicht mit einem Feuerlöscher verwechseln können.

Sie war ein Supertyp und hatte die fünf in ihr Herz geschlossen. Für sie war sie wie eine zweite Mama, hörte sich ihre Sorgen an, und ab und zu gab es schon mal für den einen oder anderen eine Portion Pommes gratis. Für Kazim besorgte sie immer Currywurst ohne Schweinefleisch. Schließlich achtete Kazims Familie streng auf die Einhaltung der muslimischen Bräuche. Auch wenn er es nicht wahrhaben wollte, freute ihn das.

Als Rollo eintraf, waren Manni und Joy schon da. Joy erklärte Manni gerade ein neues Spiel auf ihrem Handy. „He, Karate-Kid, heute schon Ziegelsteine klein-gekloppt?", wurde Rollo von Manni begrüßt. Rollo überhörte den Spruch; es war sowieso überflüssig, Manni zu erklären, dass das nichts mit Karate zu tun hatte.

„Mike kann nicht, er hat Theater-AG, der kleine Poet", lästerte Joy. „Was haltet ihr übrigens von einer Fete am Wochenende bei mir? Meine Eltern fliegen nach Mallorca."

„Superidee", erwiderte Manni. „Ich denk mir was aus, was wir so machen könnten."

Eine Gruppe Schüler vom Schillergymnasium kam gerade herein und bestellte bei Herta Pommes rotweiß. Sie postierten sich am Nebentisch und unterhielten sich laut über hippe Klamotten und angesagte Handys. Andere Gesprächsthemen hätte Rollo ihnen auch nicht zugetraut. Zwei von ihnen kannte er von Schulsportfesten. Sie spielten in der Basketballschulmannschaft. Ansonsten trugen die Schüler vom Schillergymnasium die Nase immer etwas höher. Sie glaubten, etwas Besseres zu sein, nur weil ihre Eltern mehr Geld hatten.

Jetzt kam auch Kazim. „He, Alter, wie geht's?", begrüßte ihn Manni. Kazim gab Joy einen Begrüßungskuss auf die Wange.

„He, Kümmeltürke, hier gibt's keinen Döner!", kam es vom Schillertisch. Der Wortführer, ein großer blonder Typ, erntete für den Spruch anerkennendes Lachen aus seiner Gruppe.

Da ging es auch schon zur Sache. Alles geschah blitzschnell. Kazim wurde kreidebleich vor Wut, das Blut schien mit einem Schlag aus seinem Gesicht zu entweichen. Ohne Vorwarnung stürzte er sich auf den Blonden und donnerte ihm einen Faustschlag mitten ins Gesicht. Das Brechen der Nase klang irgendwie unerfreulich, und das Blut schoss auf das kleine grüne Krokodil auf seinem Poloshirt.

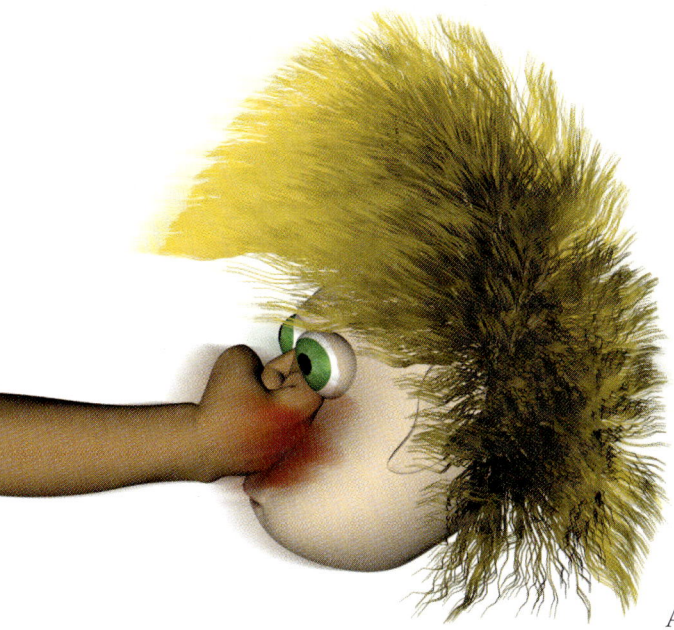

Der lange Blonde krümmte sich schon vor Schmerzen, als Kazim ihm noch in den Magen trat. Zwei aus der Gruppe griffen sich Kazim und drückten ihn an die Wand. Ein Vierter holte gerade aus, um auf Kazim einzuschlagen, als Rollo dazwischensprang. „Aufhören, lasst ihn los!", rief er.

Aber die Typen dachten gar nicht daran, auf Rollos Ansprache zu reagieren. Rollo duckte sich vor dem Faustschlag des Typs mit der Hakennase und stieß ihn nach hinten. Er fiel über den Blonden und lag schon am Boden. Rollo hörte, wie einer der Typen zu Joy sagte: „Du Schlampe gehörst doch auch dazu!" Er packte sie an den Haaren und zog sie weg vom Tisch. Mit einem gekonnten Fußstoß trat Rollo den Angreifer in die Kniekehle, sodass dieser Joy losließ und nach vorn auf die Knie fiel. Kazim hatte alle Hände voll zu tun, um sich von seinen beiden Klammeraffen zu befreien.

Wo war eigentlich Manni? Rollo entdeckte ihn hinter der Theke bei Herta. Er hielt sein Handy hoch und filmte das ganze Geschehen. „Geile Klopperei, und dann noch live, das Video wird Gold wert", rief Manni in den Raum. Da knallte es plötzlich auch schon, als ob jemand geschossen hätte. Augenblicklich war Ruhe. Herta schrie: „Aufhören, sonst hole ich die Polizei!" Gleichzeitig hatte sie mit einem großen Pfannenschaber auf ihre Arbeitsplatte geschlagen, die mit einem Knall zersprungen war.

„Wir müssen Lars zum Arzt bringen", meinte einer aus der Schillergruppe.
Vor dem Fenster waren schon einige Schaulustige versammelt. Nun betraten
zwei Polizeibeamte, die rein zufällig vorbeigekommen waren, Hertas Laden.
„Der Türke hat angefangen, ich stelle Strafanzeige!", jammerte der Blonde.
„Schauen Sie mal, wie ich aussehe."

Die Polizisten nahmen den Sachverhalt auf und notierten die Personalien
aller Beteiligten. „Zieht euch warm an", kam es von dem Hakennasentyp.
„Der Vater von Lars ist Rechtsanwalt, und das kostet euch einiges."
Dann gingen die Polizisten, und auch die Schillertypen zogen davon.

„Du Idiot, Manni", entrüstete sich Rollo. „Hast du nichts Besseres zu tun,
als den Mist hier zu filmen? Warum hast du uns nicht geholfen?"

„Reg dich nicht auf, ihr hattet die Sache doch im Griff. Außerdem haben wir
ja gewonnen."

„Vor allen Dingen ‚wir'", meinte Joy. Auch ihr hatte Mannis Aktion mit dem
Handy missfallen.

In Hertas Imbiss waren außer der Arbeitsplatte noch ein Hocker und zwei Gläser
zu Bruch gegangen. „Das regle ich schon", sagte Manni. „Mach dir keine Sorgen."

Herta schnaufte: „Ich mache mir Sorgen um euch, wenn ihr für jeden doofen Spruch gleich die Leute zusammenschlagt. Und jetzt erst mal raus hier, ich bin sauer und muss aufräumen!"

Eigentlich hatte Herta Recht. Kazim wurde immer sehr schnell wütend, wenn man ihn reizte. Da hatte Rollo schon einige Aussetzer beobachtet.

Rollo fuhr nach Hause und kümmerte sich um seine Hausaufgaben. Um 19 Uhr war heute Wettkampftraining im Dojo, bis dahin musste er fertig sein. Er fuhr einen Bus früher zum Training; er hatte sich vorgenommen, mit Sensei Piet über die Schlägerei zu reden. Der Sensei erwähnte sehr oft, dass Karate nur der Selbstverteidigung diente. Wie sollte er ihm die Klopperei von heute nur vernünftig erklären? Allerdings: Er konnte schließlich nichts dafür. Kazim hatte durchgedreht, nachdem er beleidigt worden war. Und Joy war doch seine Freundin, ihr musste er doch helfen. Oder? Es war Notwehr gewesen, er hatte helfen müssen. Trotzdem: Unangenehm war es allemal.

Der Sensei war allein im Clubraum und las. Er hörte sich die Schilderung von Rollo aufmerksam an. „Was hätte ich denn tun sollen?" jammerte Rollo. Ja, der Sensei hätte bestimmt eine andere Lösung für diese Situation gehabt. Rollo erinnerte sich noch gut an einen Tag im letzten Jahr. Drei Jungen aus dem Club und er waren zusammen mit dem Sensei nach Dortmund zu einem Turnier gefahren. Der Sensei wollte seine Schüler erstmals bei einem Wettkampf beobachten. Die S-Bahn war voll, und der Sensei war einem jungen Mann aus Versehen auf den Fuß getreten. Er entschuldigte sich sofort, aber der Typ schrie ihn an: „Pass doch auf, bist du ein Idiot oder was?" Daraufhin drehte der Sensei sich dem Kerl zu, schaute ihn an und antwortete ruhig: „Nein, bin ich nicht!" Dann ging er mit den Jungen weiter und setzte sich in die nächste Sitzreihe. Als sie ausgestiegen waren, fragte Rollo den Sensei: „Der Kerl hat Sie doch beleidigt. Er hat Idiot zu Ihnen gesagt. Dem hätte man doch eine geben können?" Der Sensei lächelte und sagte: „Nein, beleidigt hat er mich nicht, er hat doch nur gefragt, ob ich ein Idiot bin, und das habe ich verneint!"

Der Sensei hatte sich Rollos Bericht aufmerksam angehört. „Rollo, das Zauberwort ist ‚Verhältnismäßigkeit'! Was ist mit deinem Freund Kazim? Hast du Einfluss auf ihn? Ich meine: Würde er es sich zu Herzen nehmen, wenn du ihm einen Rat geben würdest?"

„Ich glaube schon", antwortete Rollo nach kurzem Nachdenken.

Sensei Piet überlegte eine Weile und begann, Rollo dann eine Geschichte zu erzählen. „In Japan ist es so: Wenn die Eltern den Kindern, der Meister oder

Lehrer dem Schüler oder auch die Menschen untereinander sich grundsätzliche, wichtige Dinge mitzuteilen haben, gibt es immer eine Geschichte. Das ist wie mit den Märchen oder Spielen aus der Kindheit. So etwas vergisst man nie mehr im Leben ... Eines Tages besuchte ein junger kämpferischer Samurai einen alten Zen-Meister in den Bergen. Er lebte dort in einem Kloster und war sehr weise. Der Samurai sprach zum Zen- Meister: ‚Du sollst sehr klug sein. Ich bin ein guter Schwertkämpfer und will, dass du mir nun den Unterschied zwischen Himmel und Hölle erklärst!' Der Zen-Meister überlegte kurz: ‚Du einfältiger, dummer Mensch, scher dich weg, du bist es nicht wert, einen Rat von mir zu bekommen!' Voller Zorn und Wut zog der Samurai sein Schwert und schrie: ‚Alter Mann, für diese Beleidigung wirst du sterben!' Er holte zum Schlag aus und schaute in das lächelnde Gesicht des Meisters. ‚Siehst du, das ist die Hölle, Samurai', sagte der Zen-Meister. Da wurde dem Samurai mit einem Schlag klar, was der alte Meister ihm sagen wollte. Er fiel auf die Knie, und mit einem Mal wurde ihm deutlich, was er da in seiner Wut über die Beleidigung fast getan hätte. ‚Ich bitte vielmals um Entschuldigung, Meister. Ich habe verstanden, was ihr mir sagen wollt, verzeiht mir!' – ‚Und das ist der Himmel', antwortete der Zen-Meister."

Sensei Piet sah Rollo eindringlich an: „Nicht nur im Karate muss man seine Gefühle im Griff haben können. Wenn man weiß, welches Gefühl einen gerade in Besitz nimmt, werden die Handlungen darüber gesteuert, und der Kopf ist nicht dabei. Im Karate wie auch im täglichen Leben sollen Körper und Geist jedoch eine Einheit sein. Dann ist die Handlung angemessen. Die Tatsache, dass man sich darüber im Klaren ist, was einen da gerade beherrscht – etwa Wut –, beinhaltet immer die Alternative, auch anders zu handeln. Wenn man sich allerdings nur vom Gefühl, also der Wut, leiten lässt, ist das nicht möglich. Dann passiert so etwas wie in Hertas Frittenbude." Der Sensei lächelte. „Wir sollten nun aber mit dem Training beginnen. Die anderen warten schon …"

da springt mir doch der Draht aus dem Darm

„Wie soll ich das nur Kazim erklären?", dachte Rollo zweifelnd und folgte seinem Karatemeister.

Fritten-Hertas Kommentar

Ich habe ja mal gehört, dass Gewalt immer aus Ohnmacht entsteht, weil die Gewaltausübung die Ohnmacht in ein kurzzeitiges Erlebnis von Allmacht verwandelt. Klingt kompliziert, oder? Ist es aber nicht. Die Psychologen sprechen ja immer von einem „Angst-Aggressions-

Komplex". Meine Güte. Damit meinen sie nichts anderes, als dass Angst und Aggression immer zusammengehören. So wie eine Wurst und Curry. Wenn einer Angst hat, ist er aggressiv: Und ist er aggressiv, dann hat er Angst. Ist doch ganz einfach. Zu Aggressionen gehören nicht nur Kloppereien, sondern auch schon Worte. Wenn einer also ironisch, zynisch und sarkastisch ist, dann ist er gleichzeitig auch aggressiv. Und diese dummen Sprüche wie „Ey, was guckst du denn so blöd?" sind nichts anderes als Aggressionen.

Was ich mich aber ständig frage, ist, wie diese Aggressionen eigentlich entstehen. Das muss doch schon in den Familien anfangen. Ich glaube, das hat viel damit zu tun, wie die Eltern miteinander umgehen und wie deren Beziehung ist. Wenn der Vater beispielsweise immer die Mutter anbrüllt, dann brüllt der Sohn sie auch an, weil er weiß, dass er damit prompt durchkommt. Viele prügeln auch heute noch auf ihre Kinder ein, genauso wie früher. Es ist wirklich schlimm, was man immer in den Nachrichten sieht: all diese missbrauchten, verwahrlosten und getöteten Kinder. Da krieg ich immer zu viel und muss umschalten. Für die Kinder ist doch Gewalt schon völlig normal, zu Hause, im Kindergarten, in der Schule. Es ist doch klar, dass die Kinder sich immer gedemütigter fühlen. Kein Wunder, dass sie irgendwann vor Wut nur noch rot sehen! Wenn sie immer kleingemacht werden, wollen sie auch irgendwann mal der Stärkere sein. Und wenn es nur ein einziges Mal ist. Glaubt mir: Wer geschlagen wird, schlägt irgendwann zurück!

Kiffen macht doof,
oder?

Suuuuuummm. „Wer schreibt denn
um diese Zeit noch eine SMS?", dachte
Kazim. Er hatte sein Handy auf „Sum-
men" gestellt. Offiziell wusste niemand in
der Familie, dass Kazim überhaupt ein
Handy hatte. Sein Vater war der Meinung,
dass man so ein Ding nicht brauchte. So hatte
Kazim vor einiger Zeit von Manni ein abge-
legtes Modell geschenkt bekommen. Er ging
äußerst sparsam damit um, viel Taschengeld
hatte er ja nicht zur Verfügung. Aber so hatte
er zumindest ein Handy vorzuweisen und brauchte sich in der Klasse nicht zu
schämen. Hatte doch heute schließlich jeder. In dieser Beziehung war sein Vater
ganz schön zurückgeblieben mit seinen Ansichten – er hätte ihm das nie erlaubt.

Manni hatte geschrieben: „Bin morgen um zwei bei Herta, danach können wir bei
mir Moped fahren." Das Mopedfahren wollte sich Kazim nicht entgehen lassen.
Mit dem Moped von Carlos hatte Manni ihn schon mehrmals fahren lassen. Später
mal eine eigene Karre zu besitzen – davon träumte Kazim. „Klar, bin da. Kazim!",
simste er zurück.

Manni bestellte Currywurst mit Pommes rotweiß schön scharf bei Herta.
„Und was willst du?"

„Nichts, ich hab keinen Hunger", antwortete Kazim. Dabei verschwieg er seinem
Freund, dass Ramadan war und man in dieser Zeit erst nach Einbruch der Dunkel-
heit essen durfte. „Kurven da auch keine Bullen rum, wenn wir bei dir in der
Straße fahren?", wollte er wissen. Manni beruhigte ihn; wegen der privaten Wach-
dienste hatte er im Villenviertel schon lange keine Bullen mehr gesehen. „Find ich
ganz toll, dass du mich fahren lässt", sagt Kazim. „Du hast noch einen gut bei mir."

Die Straße runter und über den Parkweg wieder zurück zu Mannis Haus. Die
Strecke war cool, aber die Bestzeit von Manni konnte Kazim heute nicht knacken.
Dazu war er noch nicht so sicher auf dem Ding. Sie drehten einige Runden und
hatten einen Riesenspaß, doch Kazim konnte nicht lange bleiben und musste
heim. Manni war es langweilig, und so nutzte er die Abwesenheit seines Bruders

Carlos und setzte sich in dessen GTI hinters Steuer. Mit so einem Auto war man natürlich vorn mit dabei. Wie er Carlos darum beneidete. Da fiel ihm auf, dass das Navigationsgerät ziemlich lose in der Halterung hing. Manni zog das Gerät nach vorn, und im Armaturenbrett wurde ein Hohlraum frei. Das Ding war ja überhaupt nicht angeschlossen! Manni zog das Gerät ganz heraus und entdeckte mehrere Tütchen mit einer grünen Substanz in dem Hohlraum. Einige kleine, braune Plättchen kamen auch zum Vorschein.

Blitzartig wurde ihm klar, dass das Haschisch und Marihuana waren. Ja klar, Carlos transportierte in seinem Auto dort hinterm Navi Shit! Jetzt wusste Manni, warum er so oft nach Holland fuhr. Manni war ganz aufgeregt, nahm das Zeug heraus und schob das Navigationsgerät wieder zurück ins Fach.

Sein Bruder Carlos lag in seinem Zimmer auf dem Bett und hörte gerade Musik: „Unter Brüdern soll man aber keine Geheimnisse haben!", polterte Manni ins Zimmer. Carlos sah ihn genervt an. „Hau ab, was willst du?"

„Ich will hiervon auch was!" Manni hielt die Beutel hoch.

„Bist du verrückt!", rief Carlos mit hochrotem Kopf. „Das ist nichts für dich."

„Glaubst du denn, ich bin doof?", konterte Manni. „Jetzt ist mir auch klar, wie du deine Kohle auffrischst. Du verkaufst das Zeug wohl hier, oder?"

„Das geht dich nichts an, außerdem bist du zu jung dafür. Und jetzt her damit."

„Ich glaube, unserem Dad wird die Story gar nicht gefallen. Vor allem nicht das Schmuggelfahrzeug, das bist du dann sofort los."

„Du willst mich doch nicht hinhängen, oder? Wir sind doch Brüder!", fragte Carlos und angelte nach den Tütchen.

Manni zog sie ihm vor der Nase weg. „Vorschlag: Ich halte meine Schnauze, dafür bringst du mir ab jetzt immer was mit. Was ich damit mache, ist meine Sache. Dein Moped wolltest du mir ja sowieso schenken, oder?"

Carlos beschwerte sich, dass das Erpressung sei. Es blieb ihm jedoch nach einiger Überlegung gar nichts anderes übrig. Er trat Manni das Moped ab, und der gelobte, den Eltern nichts zu verraten. „Also gut, die Karre kannst du haben, aber zu keinem ein Wort", nickte Carlos. Manni packte sich eine Portion ab und verschwand in seinem Zimmer. Das hatte er mal wieder super hingekriegt. Er war zufrieden mit sich.

„Was läuft am Samstag auf deiner Fete?", fragte Mike Joy. „Ich hab gehört, du hast eingeladen, weil du sturmfreie Bude hast?"

„Ja, ich hab noch nichts geplant, vielleicht ein neues Spiel oder so. Kommen denn alle?", fragte Joy zurück.

Manni antwortete: „Alle haben zugesagt, Rollo und Kazim sind auch da, und ich hab eine Riesenüberraschung für euch."

„Was denn? Erzähl mal", wollte Joy wissen.

Manni tat geheimnisvoll: „Ihr werdet schon sehen."

„Herta, noch drei Cola für meine Freunde", bestellte Manni großzügig. Man hatte sich in Hertas Laden verabredet und wollte dann gemeinsam zu Joy fahren. Es war Samstagnachmittag und Cliquentreffen angesagt.

„Manni, ich habe gehört, du hättest eine Überraschung für uns. Was ist denn los?", wollte Rollo wissen.

„Heute werdet ihr eine wichtige Erfahrung in eurem Leben machen", eröffnete Manni seinen Freunden.

„Los, sag schon", drängten ihn Mike und Kazim, „mach es nicht so spannend!"

„Später bei Joy lüfte ich das Geheimnis." Manni genoss es sichtlich, dass die Freunde so neugierig waren. „Tschüss, Herta, schönes Wochenende, wir lieben dich, bis Montag." Alle lachten über den Spruch von Manni und rannten zum Bus.

Joy hatte schon Salzstangen und Chips rausgestellt, ein paar große Cola lagen im Kühlschrank. „Hi, Jungs, nett, euch zu sehen! Wird jetzt Mannis Geheimnis gelüftet?"

„Alle erst mal hinsetzen!", kommandierte Manni. „Liebe Freunde, dies ist ein großer Tag in eurem Leben. Ich werde euer Bewusstsein erweitern, ihr werdet Dinge erleben, die ihr so noch nie erlebt habt." Wie ein Zauberer ein Kaninchen aus dem Hut zieht, zog Manni ganz wichtig eine kleine Platte Haschisch aus der Tasche und warf sie auf den Tisch. „Hiermit drehen wir uns gemeinsam einen Joint und fliegen zu den Sternen!"

Das war wirklich eine Überraschung. Gehört hatte man ja schon viel darüber, und in den oberen Klassen wurde das Zeug auch regelmäßig genommen. „Woher hast du das?", wollte Mike wissen.

„Ist doch egal", sagte Kazim dazwischen. „Kannst du denn überhaupt einen Joint bauen?", wollte er von Manni wissen.

Der lächelte überlegen. „Natürlich, meine Lieben. Manni hat alles schon ausprobiert. Ich sage Euch, es ist hammerhart."

Jetzt waren natürlich alle gespannt wie ein Flitzebogen, was da wohl auf sie zukommen würde. Sie hatten schon mal zusammen eine Pulle Wodka mit Cola gepichelt und waren damals ganz schön angeturnt gewesen. Joy war es am nächsten Tag kotzübel gewesen, und Kazim hatte eine Woche Hausarrest bekommen, weil sein Vater die Schnapsfahne gerochen hatte. Aber hier konnten sie endlich mal probieren, wie das mit Haschisch war. Ja, sie konnten dann in der Klasse mitreden und brauchten sich nicht mehr auf die Schilderungen der anderen zu verlassen.

Manni bröselte den Shit (so nennt man Haschisch unter Kennern) in den mitgebrachten Tabak. Aus mehreren Zigarettenblättchen drehte er kunstvoll eine „Tüte". „Wer will zuerst?", fragte er. „Ladies first", meinte Mike gönnerhaft. Joy machte einen tiefen Zug und reichte die Tüte an Rollo weiter, der nach dem Inhalieren kräftig husten musste. Dann kamen Mike und Kazim an die Reihe, und zum Schluss war Manni dran, der so tat, als würde er das jeden Tag machen.

„Du bist der Größte, Manni, wenn wir dich nicht hätten", johlte Kazim. Man sah Manni an, dass ihm das Lob guttat. Der Joint kreiste ein paar Mal, und Joy fühlte sich fantastisch gut. „Boah, ist das geil", gab Rollo von sich. „Ich höre die Musik wie im Konzertsaal", sagte er.

„Ich sag euch doch, das ist die totale Bewusstseinserfahrung, was ganz anderes als Alkohol", warf Manni ein. Kazim dagegen war ganz still geworden. „Mir ist speiübel", gab er kleinlaut zu verstehen. „Ich glaub, ich muss gleich kotzen!"

„Versteh ich nicht", lallte Mike. „Ich glaub, das Bild kommt auf mich zu." Er lachte sich krumm. Joy tanzte inzwischen durchs Zimmer und schrie immer wieder: „Ich bin Michael Jackson!"

Kazim rannte fluchend zur Toilette und blieb erst mal dort. „Unser türkischer Freund ist nichts Gutes gewohnt", kommentierte Manni den Vorfall. Rollo spielte zwischenzeitlich Luftgitarre vor dem Lautsprecher der Stereoanlage, während Mike selig das Bild an der Wohnzimmerwand angrinste.

„He, Karate-Kid, hau doch mal ein paar Bretter durch und zeig mal, wie stark du bist", forderte Manni Rollo auf. Doch der hörte gar nicht auf mit seinem Luftgitarrensolo. Joy und Manni tanzten wild durch die Bude.

Es ließ sich nicht leugnen: Die Curry- Clique hatte ganz offensichtlich ihren Spaß an der ‚Bewusstseinserweiterung' und war total ausgeflippt – bis auf Kazim natürlich …

„He, Dad, wie war das eigentlich bei dir, als du jung warst? Hast du da mal Drogen ausprobiert? Zum Beispiel Haschisch?"

Mikes Vater schaute verdutzt von seinem Teller hoch. „Ja, ich hab mal einen Joint geraucht. Das war bei meiner Abifeier!"

„Und wie war das?", wollte Mike wissen.

„Na ja, ich weiß noch, dass ich Farben sehr intensiv wahrgenommen habe und alles furchtbar lustig war."

Mike dachte: „Genau wie bei mir am letzten Wochenende." Er wandte sich an seine Mutter: „Und du, Mama? Wie war das bei dir?"

Mikes Mutter sah ihn misstrauisch an. Sie war natürlich von dieser Frage über-rascht und konterte nervös mit einer Gegenfrage: „Warum willst du denn das so genau wissen?"

„Ach, nur so", sagte Mike.

„Es gab da mal eine Fete, vor meinem Unfall und vor meiner Rollstuhlzeit. Da hab ich es auch mal probiert, mir ist es aber nicht bekommen."

So war das bei Mike zu Hause: Man hatte ein offenes und ehrliches Verhältnis zueinander und konnte über alles sprechen. Seine Eltern ahnten natürlich schnell, dass Mike nicht „nur so" fragte; im stillen Einverständnis hakten sie aber nicht näher nach.

„Weißt du, Mike", begann sein Vater. „Mit Haschisch und Marihuana ist das so eine Sache. Die gehören zu den weichen Drogen, und die Wirkung ist sehr individuell. Während der eine Farben oder Musik sehr intensiv erlebt, wird dem anderen Konsumenten vielleicht schlecht. Der Dritte ist einfach nur gut drauf, und ein Vierter kann aggressiv werden. Jeder reagiert eben verschieden darauf."

„Ist es schädlich?", wollte Mike wissen.

Sein Vater erwiderte: „Seriöse Studien haben ergeben, dass der Langzeitkonsum Hirnschäden verursacht. Wenn du so willst, macht Kiffen also auf Dauer doof! Der einmalige Konsum ist aber für den erwachsenen Menschen relativ ungefährlich."

„Ach, so ist das", murmelte Mike nachdenklich.

Seine Eltern sahen sich schweigend an und lächelten. Mike stand auf und wollte in sein Zimmer gehen, als seine Mama ihm noch gestand: „Bei meinem Autounfall, der mich an den Rollstuhl gefesselt hat, hatte der Fahrer auch Shit geraucht! Wenn dir also mal so etwas angeboten wird, dann lass lieber die Finger davon, es kommt am Schluss nichts Gutes dabei heraus. Und jetzt schlaf gut, mein Schatz!"

„Das wusste ich gar nicht, Mama", sagte Mike erschrocken. Dann ging er auf sein Zimmer, um noch ein bisschen nachzudenken.

„Wie war's bei euch? Haben eure Alten was gemerkt am letzten Wochenende?", wollte Manni von seinen Freunden wissen.

„Ich habe erst mal am nächsten Tag stundenlang durchgelüftet, damit der Geruch aus der Wohnung ging. Man konnte es bis in den Hausflur riechen" erzählte Joy. „Meine Mutter ist zum Glück noch im Urlaub."

„Und ich muss wie der Tod ausgesehen haben. Ich habe noch die ganze Nacht gekotzt", sagte Kazim.

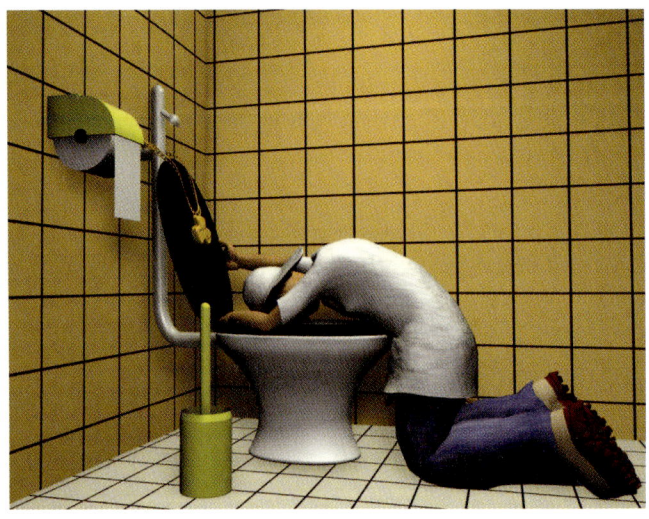

„Bei mir hat keiner was gemerkt. Das war 'ne geile Party", meinte Rollo.

Mike fügte hinzu: „Man muss alles mal getestet haben."

Manni holte Luft. „Ich wollte euch einen Vorschlag machen. Was haltet ihr davon, wenn wir das Zeug bei uns in der Schule verkaufen? Diskret natürlich. Wir hätten immer ausreichend Kohle. Was sagt ihr dazu?"

„Spinnst du? Mal einen rauchen ist was ganz anderes, als damit Geschäfte zu machen!", polterte Mike los. „Ohne mich!"

Auch Rollo war erbost: „Ich habe keine Lust, in den Knast zu gehen."

„Vor dem vierzehnten Lebensjahr geht in Deutschland keiner in den Knast", meinte Kazim. „Aber die Nummer ist mir auch zu heiß, so gut ich das Geld gebrauchen könnte."

Joy stocherte nachdenklich in ihren Pommes herum: „Nee, Manni, tut mir leid, meine Schule ist mir wichtig. Ich brauch einen guten Abschluss, um Informatik zu studieren. Lass du auch lieber die Finger davon. Wo kriegst du das Zeug denn eigentlich her?"

„Das geht euch nichts an", fauchte Manni. „Ich fände die Idee spannend. Es ist doch nur ein Spiel, sonst nichts."

„Das Spiel mach mal allein!" Rollo zahlte und ging.

„Bis morgen", schloss sich ihm Mike schnell an.

„Willst du deiner Mutter noch ne Currywurst mitnehmen?" fragte Herta Mike. „Die mag sie doch so gern."

„Gute Idee" bedankte sich Mike.

Kurze Zeit später verließen auch Kazim und Joy Hertas Imbiss und stiegen in den Bus. Nachdenklich blieb Manni zurück. Mit so einer geballten Absage hatte er nicht gerechnet. Da hatte er für seine Freunde Haschisch für lau besorgt, und nun das. „Es gibt keine Dankbarkeit mehr auf der Welt", dachte er.

Das Karate-Training war beendet. Der Meister erklärte Rollo und zwei anderen gerade noch, wo sie ihre Techniken optimieren konnten. Die drei bedankten sich mit einer Verbeugung: „Oss sensei!"

„Darf ich Sie noch etwas Privates fragen?", fing Rollo seinen Karatelehrer Piet nach dem Training ab.

„Nur zu, Rollo", nickte der Sensei. „Was ist los?"

Rollo fasste sich ein Herz. „Wie ist das eigentlich mit dem Haschisch? Ich habe mal gelesen, das sei nicht schädlich. Man hört aber auch anderes. Was stimmt denn nun?"

„Na, dann setz dich mal, Rollo." Der Sensei wies auf einen Stuhl. „Mit den Drogen ist das so: Ob hart oder weich, letztlich sind sie alle schädlich. In früheren Kulturen hatten Drogen einen festen Platz in der Gesellschaft. In Afrika zum Beispiel nahmen sie die Tänzer, um bei Stammesfesten in Ekstase zu kommen, in Südamerika kauten die Läufer Kokablätter, um die körperlichen Belastungen durchzuhalten, wenn sie große Entfernungen zu überwinden hatten und Botschaften von einem Dorf zum anderen bringen sollten. In China gab man todkranken Menschen Opium, um ihnen den Schmerz zu nehmen und den Übergang zum Tod erträglich zu machen. Du siehst, Drogen gehörten jahrtausendelang zum Alltag. Aber stets wachte die Gemeinschaft oder die Gruppe darüber, dass die Drogen nicht unkontrolliert genommen wurden. In der heutigen Zeit ist das jedoch anders. Menschen nehmen Drogen, um persönliche Probleme zu vergessen und sich von ihnen abzulenken. Drogenkonsum ist quasi Mode. Aber sie vernebeln dir den Geist und entführen dich aus der Realität. Im Beruf, in der Schule und ganz besonders auch im Karate brauchen wir allerdings einen wachen, klaren Verstand. Da haben Drogen keinen Platz. Und außerdem, und das ist letztlich das Wichtigste, Rollo: Eine Gesellschaft gibt sich Regeln in Form von Gesetzen, und die besagen nun mal, dass Besitz und Konsum von Drogen verboten ist. Denk nur mal nach: Wenn jeder diese Gesetze so auslegen würde, wie es ihm gerade gefällt, würden wir bald im Chaos versinken. Stell dir vor, in meinem Karateunterricht bricht jeder die Regeln, wann und wie oft er es will. Kannst du dir vorstellen, was am Ende dabei herauskommt?" Sensei Piet fasste Rollo scharf ins Auge. „Reicht dir diese Antwort?"

Rollo verneigte sich. „Oss sensei!"

kiffen macht gleichgültig …

… mir doch Wurst

Fritten-Hertas Kommentar

Wenn manchmal nix los ist an meiner Pommesbude, hole ich mir von der Sambabude gegenüber so ein paar Zeitungen und lese dann. Hin und wieder erwische ich auch mal eine Fachzeitung. Da stand neulich ein Artikel über Kiffen drin. Er hieß „Jugend sucht".

Ich dachte erst, es wäre ein Druckfehler, und musste es dreimal lesen, bevor ich das Wortspiel verstanden habe. Glaube ich jedenfalls. Kiffen ist ein großes Problem. Aber viele, die kiffen, haben vorher schon mit dem Alkohol angefangen. Das ist so eine Art Einstiegsdroge, sagen die Fachleute. Und die müssen es ja wissen. Hier war mal so ein Mädel, das eine Currywurst gegessen und sich mit einem Jungen unterhalten hat. Es hat erzählt, dass Heroin zu nehmen sich so anfühlt, als würde eine Sonne in dir aufgehen. Ein unbeschreibliches Gefühl, aber mit ganz krassen Folgen. Heroin macht süchtig, und du lebst nur für den nächsten Schuss. Du tust auch alles für den nächsten Schuss. Zum Beispiel klauen oder dealen.

Ich sag ja immer: Starke Kinder sind zu stark für Drogen. Wenn Kinder Drogen nehmen, haben sie schwache Eltern und werden selbst schwach. Kiffen macht doof. Glaubt es mir. Die Folgen dieser Drogen sind schlimm, davon kannst du richtig schwachsinnig werden. Auch wenn du sie nur einmal oder sogar zum ersten Mal nimmst. Wer Drogen nimmt, will damit seine schlechten Gefühle in den Griff kriegen. Aber am Ende haben die Drogen ihn im Griff. Denn dann kommen die schlechten Gefühle wieder, und er muss das Dreckszeug immer weiter nehmen, um seine schlechten Gefühle zu betäuben und so weiter.
Ich habe mal mit dem Psychofritzen, der immer zu mir in die Bude kommt, darüber gesprochen, warum so viele junge Menschen Drogen nehmen.
Er sagte, dass das schon in der Familie anfängt: inkonsequente Eltern, über-behütende Erziehung, oder die Eltern nehmen selbst Drogen oder trinken.
Oder die Eltern trennen sich oder ein Kind verliert zu früh einen Elternteil.
Aber auch sexueller Missbrauch kann zu Drogenkonsum führen. Dann kommen Probleme in der Schule dazu, und die Kinder werden kriminell. Aus diesem Kreislauf kommen sie kaum noch aus eigener Kraft heraus. Also: Finger weg von dem Zeug! Keine Macht den Drogen!

Milchgeldkontrolle

Kleiner SMS-Dialog: „Manni, kannst du mir Kohle leihen? Kazim" – „Wie viel brauchst du?" – „So 30–40 Euro!" – „Kein Problem, kannst du haben. Wo bist du?" – „Zuhause. Komme heute Nachmittag so gegen 4 zu Herta. Sollen wir uns da treffen?" – „Okay, bis dann."

Nachmittags gegen 16 Uhr war bei Herta nie viel los. Joy ließ sich gerade von ihr erklären, wie lange die Pommes bei wie viel Grad im Fett liegen mussten, um schön cross zu werden, als Manni hereinkam. „Hi, Girly, geile Jeans hast du da." Er verstand etwas von Klamotten und hatte sofort gesehen, dass diese Jeans ihr Geld gekostet hatte.

„Ja, hat meine Mutter mir aus den USA mitgebracht. Sie hatte geschäftlich dort zu tun."

„Steht dir gut", lobte Manni. „Kazim kommt übrigens auch gleich, er ist knapp bei Kasse und will sich von mir 40 Euro leihen."

„Ja, seine Eltern halten ihn ganz schön kurz", nickte Joy. „Aber sie haben auch nicht so viel. Der Vater arbeitet in Bochum bei Opel."

Manni erwiderte: „Ihr könntet alle im Geld schwimmen, wenn ihr auf meinen Vorschlag mit dem Verkauf von Shit eingegangen wärt. Aber euch geht ja die Muffe. Dann zieh ich das eben allein durch."

Joy rollte genervt die Augen: „Fang nicht schon wieder damit an. Die Dealerei kann doch gar nicht gut gehen. Irgendwann nutzt dir das ganze schnell Verdiente nichts mehr, und du landest im Knast."

„So wie dein Vater?", fragte Manni.

Joy wurde knallrot und stotterte: „Woher weißt du das?"

„Hab ich von meinem Alten gehört. Hat wohl Firmengeheimnisse an eine andere Softwarefirma verkauft oder so."

Joy senkte den Kopf; sie hatte Tränen in den Augen.

„He, komm, ich erzähl das keinem. Wir sind doch ein Team. Hab das auch nur durch Zufall erfahren. Wir bleiben bei deiner Variante, dein alter Herr ist zurzeit für seine Firma im Ausland! Gut so?"

„Ja, danke. Manni, erzähl das bitte keinem, meine Mutter leidet sehr darunter."

Er klopfte ihr jovial auf die Schulter: „Klar doch, Ehrensache. Über meine Lippen kommt kein Ton."

Kazim betrat den Imbiss. „Sorry für die Verspätung. Die haben mich im Bus kontrolliert, ich hatte meine Wochenkarte nicht dabei. Jetzt hab ich erst mal eine Anzeige. Muss morgen dahin und die Karte vorlegen."

„Hier sind deine 40 Mäuse. Lass dir mit dem Zurückzahlen ruhig Zeit", sagte Manni.

„Danke, Manni." Kazim schob das Geld in die Jackentasche.

Manni brummte: „Kein Problem, bin zurzeit gut im Geschäft. Du könntest das übrigens auch sein. Das Geld liegt auf der Straße, du musst es nur aufheben."

„Manni, hör endlich auf mit dem Drogenmist. Mein Alter schlägt mich tot."

„Jetzt reg dich nicht auf, das meine ich doch gar nicht", beschwichtigte Manni. Ihm kam eine Idee. „Lass uns eine Wette machen. Ich sage, du verdienst jeden Morgen mindestens zehn Euro, machst nichts Illegales, und die Sache ist super-einfach."

„Und wie soll das gehen? Das interessiert mich auch", meldete sich Joy.

„Okay, schlagt beide ein, wir wetten um fünf Euro. Morgen früh vor der Schule um 7.30 Uhr am Parkplatz. Dann zeig ich es euch."

„So soll es sein", antwortete Kazim und gab Manni die Hand darauf.

„Das Livevideo von unserer Schlägerei hier ist übrigens der Hit an Essens Schulen. So was bekommt man nicht alle Tage", verkündete Manni stolz.

„Der macht auch aus jedem Mist Geld", wandte sich Kazim an Joy.

„Darf ich mir das morgen früh auch ansehen?", fragte Joy Manni.

„Klar, ich geb kostenlosen Unterricht im Geldverdienen!" Er wandte sich an Herta. „Hast du auch was für in die Cola? Ich meine Alk oder so?"

„So weit kommt das noch, dass ich euch Alkohol ausschenke und meine Lizenz verliere. Ab, nach Hause mit euch, und dass mir keine Klagen kommen", wetterte Herta. Die drei Curry-People machten einen langen Schuh und sickerten zeitgleich aus Hertas Bude.

Am nächsten Morgen warteten Joy und Kazim schon am Parkplatz auf Manni. Sie waren wirklich gespannt, wie er hier zehn Euro verdienen wollte.

„Und, Manni, was nun?", fragte Kazim, als er eintraf.

„Immer mit der Ruhe." Manni schaute sich um und entdeckte zwei Fünftklässler, die aus dem Bus stiegen und in Richtung Schule gingen.
„Haaalt! Milchgeldkontrolle!", rief er ihnen zu.

„Was soll das sein?", fragte einer der beiden, ein kleiner blonder Junge.

Manni sagte: „Wir kontrollieren, ob ihr zu viel Geld dabei habt. Das ist bei uns an der Schule nämlich nicht erlaubt. Man darf nur einen Euro bei sich haben, für zwei Flaschen Milch in den Pausen, den Rest müssen wir einsammeln."
Er machte eine Kunstpause. „Oder wollt ihr Ärger kriegen?"

„Nein, nein, natürlich nicht", beeilten sich die beiden Jungen zu sagen.
„Das wussten wir nicht."

„Also, wie viel habt ihr dabei?"

„Ich hab fünf Euro dabei." – „Ich drei."

Manni nickte. „Von dir bekomme ich also vier und von dir zwei Euro, sonst kauft ihr doch nur Süßigkeiten davon."

Beide holten Ihr Geld hervor und gaben es Manni anstandslos. „Ihr seid brave Schüler", lobte er, und die Fünftklässler zogen in Richtung Schule davon.

„Du bist wirklich einmalig", lobte Kazim. „Woher hast du bloß diese Ideen?"

„Red nicht lange", unterbrach ihn Manni. „Du bist dran. Da hinten die Kleine mit dem roten Kleid – das ist dein Job."

Kazim stellte sich dem Mädchen in den Weg. „Milchgeldkontrolle!" herrschte er sie an.

„Lass mich vorbei", entgegnete das Mädchen.

„Erst sagst du mir, wie viel Milchgeld du dabei hast."

„Warum?", fragte das Mädchen selbstbewusst zurück. „Weil ich es so will!", antwortete Kazim ärgerlich. „Warum sind Frauen nur immer so kompliziert?", dachte er bei sich.

Kazim erklärte dem Mädchen die Forderung – und bekam drei Euro. Die nächsten zwei Neulinge aus der fünften Klasse wurden ebenso hochgenommen. Kazim und Manni hatten einen Riesenspaß am Erfolg ihrer Milchgeldaktion. Joy hatte da so ihre eigene Meinung über Gerechtigkeit, aber sie wollte nichts sagen, um es sich nicht mit Manni zu verderben. Und außerdem: Die Mehrzahl der Kinder hier am Gymnasium hatte ja von Haus aus genug Geld. Warum sollte sie jetzt den Moralapostel spielen? Vielleicht hatten sie ja auch etwas Gutes getan, wie Manni sagte. Die Kinder hätten sich ja doch nur Süßigkeiten von dem Geld gekauft. Oder doch nicht? Ach, was sollte es! Joy hatte genug eigene Probleme. Die Inhaftierung ihres Vaters nahm sie und ihre Mutter ganz schön mit. Er war ein bekannter Computerfachmann und hatte wohl, wie es sich jetzt darstellte, etwas Illegales getan. Mutter machte sich Sorgen um die Zukunft, und Joy konnte die ganze Situation noch gar nicht richtig einschätzen. Das alles war ihr unheimlich peinlich, und nun wusste auch Manni davon. Hoffentlich hielt er dicht. Joy fuhr einmal im Monat nach Hamburg ins Gefängnis und besuchte ihren Vater, der dort in Untersuchungshaft saß. Natürlich nur heimlich, damit keiner ihrer Freunde etwas davon mitbekam.

Mike hatte Geburtstag, und die Curry-Clique war eingeladen. Rollo klingelte als Erster. „Guten Tag, Herr Koslowski, vielen Dank für die Einladung."

„Komm rein, Rollo. Was macht dein Karate?"

„Ich komme gerade vom Training. Ich habe meinem Meister geholfen im Dojo beim Kindertraining. Ich durfte heute die Kleinen schulen."

„Eine verantwortungsvolle Aufgabe, Rollo, alle Achtung!"

„Danke, ich will ja später auch mal Trainer werden und einen eigenen Club aufmachen." Er begrüßte Mikes Mutter, die im Rollstuhl in der Küche Essen vorbereitete. Über die mitgebrachten Blumen freute sie sich sehr.

In Mikes Zimmer spielte die Truppe später ein paar Runden Playstation. Wie immer gewann Joy. Sie hatte für jeden eine DVD mit kurzen Livevideos zusammengeschnitten. „Schaut euch mal die Kloppereien an, unsere bei Herta ist auch drauf, die Manni aufgenommen hat."

Kazim und Manni amüsierten sich besonders über eine Szene, in der zwei Mädchen ein anderes Mädchen an den Haaren durch einen Toilettenraum zogen. Das Mädchen schrie fürchterlich. „Die Weiber sind ganz schön hart drauf", kommentierte Manni. „Hast du gut gemacht, Joy. Woher hast du die Aufnahmen?"

„Aus dem Internet", sagte Joy. „Das Movie mit den Girlies kommt wohl aus den USA."

„Essen ist fertig", rief da auch schon Mikes Mutter. „Okay, Mama, wir kommen", antwortete Rollo.

„Kocht deine Mutter im Rollstuhl?", wollte Kazim wissen.

„Ja, warum nicht? Sie kocht doch super!"

Mikes Vater hielt eine kleine Tischrede. Er brachte darin seinen Stolz auf seinen Sohn zum Ausdruck. Für einen kurzen Augenblick wurde es Manni ganz flau: Sein Vater sagte so etwas nie über ihn. Dabei wünschte sich auch ein harter Typ wie Manni, dass seine Eltern stolz auf ihn waren.

Mikes Mutter strich ihrem Sohn über den Kopf und wünschte allen guten Appetit. „Ich hoffe, es schmeckt euch so gut wie bei Herta", sagte sie. „Mike bringt mir ab und zu eine Currywurst mit. Die ist wirklich unschlagbar."

Manni wurde nachdenklich. Wann hatte es eigentlich bei ihm zuhause das letzte Mal so ein gemeinsames Abendessen gegeben? Das musste zu Weihnachten gewesen sein, dachte er. Also eine Ewigkeit her. Seine Eltern waren eigentlich kaum da. Wann hatte seine Mutter ihm eigentlich mal über den Kopf gestrichen und ihm gezeigt, dass sie ihn lieb hatte? Keine Ahnung. Manni begriff, dass man hier bei Koslowskis täglich zusammen saß und über alles redete, über Sorgen, Probleme in der Schule oder schöne Erlebnisse. Mikes Vater nannte das „Psychohygiene". Ein lustiger Ausdruck, aber Manni gefiel das insgeheim. Er wollte es nur nicht einmal vor sich selbst zugeben. Kunststück, Mikes Vater war ja auch Psychologe und Kommunikationswissenschaftler und beschäftigte sich den ganzen Tag mit diesen Dingen. Irgendwie beneidete Manni Mike um dieses Familienleben. So etwas kannte er überhaupt nicht. Manni spürte so etwas wie eine „seelische Obdachlosigkeit", die ihn traurig und frustriert machte.

Nach dem Essen wurde gespielt und viel gelacht. Nur Manni kam nicht mehr so richtig in Stimmung. Er war sogar ein wenig eifersüchtig auf Mike, obwohl er eine Mutter hatte, die behindert war und im Rollstuhl saß. An diesem Abend hatte Manni noch viel nachzudenken.

„Was macht eigentlich eure neue Einnahmequelle, die Milchgeldkontrolle?", wollte Joy von Kazim eine Woche später wissen.

„Bisher haben wir 80 Euro eingenommen, und ich konnte Manni die 40 geliehenen zurückzahlen. Aber ich bin mir nicht sicher, ob das alles so richtig ist", sagte Kazim. „Gestern musste ich einem Mädchen eine Ohrfeige geben. Sie wollte ihr Geld nicht herausrücken."

„Nicht richtig", spottete Joy. „Das ist klassische räuberische Erpressung, wie man das bei der Polizei nennt! Bist du wirklich so naiv?"

„Aber Manni sagt doch, das sei nicht so schlimm!"

„Ach, Kazim, du würdest auch glauben,
dass Zitronenfalter Zitronen falten",
seufzte Joy. „Bild dir mal eine eigene
Meinung!" Und dann ließ sie ihn einfach stehen.

Rollo und Mike bestaunten Mannis
Moped in der Garage. „Mein Bruder
hat es mir schon geschenkt", sagte er
triumphierend. „Es gehört mir. Bald
fang ich mit dem Führerschein an."

Mike und Rollo nickten bewundernd.
„Wie schnell ist die Maschine denn?",
wollte Rollo wissen.

„Das Ding macht locker 110 Sachen! Ich hab natürlich andere Düsen im Vergaser
und einen neuen Auspuff", sagte Manni und führte sein Moped stolz vor.

„Wirklich, cool", äußerte Mike anerkennend.

„Soll ich es euch mal zeigen?", beeilte sich Manni zu sagen.

„Aber du hast doch keinen Führerschein, wo willst du denn fahren?", fragte Mike.

„Das ist doch hier wie eine Privatstraße, hier kommen keine Bullen durch.
Los, wir können ja ein Rennen fahren, die schnellste Zeit gewinnt!"

Gesagt, getan. Als Strecke wurden zwei Straßen festgelegt, die von Mannis Haus
wegführten. „Was kriegt der Sieger?", wollte Rollo wissen.

„Wir machen das mal so rum: Der Verlierer muss eine Mutprobe bestehen",
meinte Manni. „Was haltet ihr davon?"

„Von mir aus okay", meinte Mike.

„Also", begann Manni: „Wer verliert, muss mit seinem Handy ein Video auf
der Mädchentoilette drehen. Irgendwie ein Mädchen beim Pinkeln filmen oder so.
Jedenfalls muss es total abgedreht sein und so in Richtung Sex gehen."
Die anderen lachten und schlugen ein.

„Ich lege eine Zeit vor, und ihr müsst sie toppen. Jeder bekommt drei Versuche."

Mannis Zeit war nicht zu verachten: 58 Sekunden. Rollo brauchte 67 und
Mike ganze 70. Dann war Manni wieder dran. Er legte sich rasant in die Kurve;
und es sah so aus, als würde er seine Zeit noch verbessern können, als ein Stück
vor ihm eine alte Dame mit ihrem Dackel auftauchte. Der Dackel sprang kläffend
auf die Straße, und Mannis Vollbremsung kam etwas zu spät. Er erwischte ihn
noch an den Hinterbeinen. Erschrocken schreiend beugte sich die
Dame über ihren Hund und rief lautstark nach einem Tierarzt
und der Polizei.

Beim Wort „Polizei" wurde Manni äußerst nervös. Während
sich einige Nachbarn um den Hund kümmerten, traf auch
schon ein Streifenwagen ein. Ein ziviler Wachdienst, der
den Vorfall beobachtet hatte, hatte die Polizei gerufen.
Manni war kreidebleich. Natürlich konnte er weder
einen Führerschein noch einen Fahrzeugschein
vorweisen. Das Moped wurde sichergestellt,
und er musste mit auf die Wache.
Der Wachmann fuhr mit der
Dame und dem Hund
zum Tierarzt. So hatte
Manni sich das Ende
seines Straßenrennens
nicht vorgestellt.

„Ob die uns auch dran-
kriegen?", wollte Rollo
von Mike wissen.

„Uns hat doch keiner
fahren sehen",
versicherte Mike.

Von Herta aus telefonierten Mike und Rollo mit Joy und Kazim.
„Was sollen wir tun? Können wir irgendwie helfen?"

„Nö", mischte sich Herta ein. „Da muss der Junge allein durch.
Seinen Mopedführerschein kann er sich jedenfalls erst mal abschminken
und von der Backe putzen."

Oje ... Das war hart für Manni. Er hatte sich doch schon so auf sein Moped gefreut.

Zwei Stunden später trafen sich alle bei Herta. Auch Manni kam und bestellte sich erst mal eine Currywurst mit Doppelpommes.

„Echt beschissen gelaufen, Alter", munterte Kazim ihn auf. „Kopf hoch, deine Freunde halten zu dir."

„Mein Alter wird zwar die Welle machen, aber letztlich erledigt er das für mich", meinte Manni.

„Ja? Meinst du?" fragte Joy.

„Klar, der hat doch Einfluss!"

„Wie war's bei den Bullen? Haben sie gefragt, ob noch andere gefahren sind?", wollte Rollo wissen.

„Wenn sie gefragt hätten, wäre meine Antwort ‚nein' gewesen.
Ich verpfeife doch meine Kumpel nicht", antwortete Manni stolz.

„Auf dich ist Verlass. Bist'n Guter", sagte Mike. Es schien so, als ob Manni nicht der Verlierer, sondern der Held des Rennes war. Und bald waren sie schon wieder bei einem anderen Thema, als wenn gar nichts gewesen wäre.

fass mal einer nackten in die Wurst Tasche

Fritten-Hertas Kommentar

Ich glaube, es hakt! Das kann doch alles gar nicht mehr wahr sein. In der Schule zocken sie die Kurzen ab und nehmen ihnen das Milchgeld weg, und dann ziehen sie sich noch diese Videos rein. Das hat es früher nicht gegeben. Ich sag ja immer, dieser Handy- und Computerkram ist das reinste Teufelszeug. Wie kommen sie nur auf solche Ideen? Haben sie gar kein Unrechtsbewusstsein? Mannomann. In der Gruppe fühlen sie sich ganz schön stark.

Und die Bilder und Clips sind ja nicht immer nur witzig und harmlos, sondern auch gewalttätig und pornografisch. Ist zwar verboten, sie weiter zu verbreiten, aber das ist den Kids ja egal. Dabei kann man nach solchen Sachen auch süchtig werden. Manchmal glaube ich echt, dass die Jugendlichen gar nicht mehr über ihre Gefühle sprechen können. Sie kennen nur ein oder zwei Wörter für die verschiedensten Stimmungen, wie traurig, wütend, ärgerlich, freudig, glücklich und so. Da hörst du immer nur „krass", „geil" und „abgefahren". Ich hab lange gebraucht, um zu verstehen, dass „Er wurde gefickt" so viel bedeutet wie „Er wurde erwischt". Und wenn mich heute der Eisbär fickt, dann ist mir kalt. Echt Panne, diese Sprache.

Aber wisst ihr, wen ich so richtig gut finde? Das ist dieser Al Gore, der 2007 den Friedensnobelpreis in Stockholm gewonnen hat. Von diesem Al Gore könnten wir uns alle eine Scheibe abschneiden. Was er über unser Klima sagt, kann man doch auch über die Kriminalität der Jugendlichen sagen – von wegen Retten und Vorbeugen und dass da jeder Einzelne mitmachen muss! Finde ich gut! „Global denken und lokal handeln", sagt er immer. Verantwortungsbewusstsein und Handeln machen Vorbeugung zu einer wirksamen Waffe im Kampf gegen die Gewalt. Vorbeugung ist die beste Verteidigung. Die Kids brauchen Beziehungen, sie brauchen Bindungen, Sicherheit, Vorbilder und Vertrauen, um zu starken Persönlichkeiten heranzuwachsen. Wenn mir das mal einer glauben würde!

Oder wie erklärt ihr euch, dass es Manni ganz flau wurde, als er gehört hat, in welch hohen Tönen Rollos Vater von seinem Sohn spricht? Was ich Manni aber zugute halten muss, ist, dass er seine Freunde bei der Polizei nicht verpfiffen hätte. Niemals. Und da war er auch stolz drauf. Ich glaub, dass ihm das sehr wichtig war. Raue Schale, weicher Kern, oder was?

Zickenalarm

„Kazim, was soll ich machen? Da sind so ein paar Mädels aus der Parallelklasse, die machen mich dauernd an", sagte Joy.

„Was machen die denn?"

„Na, sie schubsen mich, versperren mir den Weg und nennen mich Schlampe, weil ich immer mit euch zusammen bin. Vorgestern hat mich eine sogar in den Magen geboxt."

„Hört sich ja wirklich hart an", sagte Kazim. „Und wann läuft das immer?"

„Im Umkleideraum vor dem Sport, nach Schulschluss und oft in den großen Pausen", antwortete Joy.

„Joy, das regelt jetzt Kazim für dich", meinte er und legte ihr den Arm um die Schulter. „Ab jetzt bin ich in den großen Pausen und – wenn es geht – auch nach der Schule in deiner Nähe. Die brauchen offensichtlich mal einen Denkzettel."

Joy hatte nicht viel Kontakt zu anderen Mädchen. Wenn sie nicht in der Curry-Clique war, saß sie zuhause vor dem Computer. Andere Hobbys hatte sie nicht. Auf modische Fummel legte sie keinen großen Wert und war damit schon automatisch außen vor. Und trotzdem war sie, die Kleine mit der Nickelbrille, immer mit den besten Jungs zusammen. Das wurmte einige Mitschülerinnen ziemlich. Besonders Manni war ein begehrtes männliches Objekt in den Augen der Mädchen, und gerade ihn sah man oft mit Joy und den anderen.

Es dauerte gar nicht lange, bis Joy in die nächste bedrohliche Situation kam. „Na, du kleine Schlampe", tönte es ihr aus einer Gruppe Mädchen entgegen, die am Eingang zur Milchbar stand. Joy tat so, als ob sie die Anmache nicht gehört hätte. Aber schon versperrte ihr die große rothaarige Cora den Weg.

„Für Schlampen ist die Milchbar heute geschlossen", verkündete sie, und Joy bekam von hinten einen Stoß, sodass sie gegen Cora fiel. Die stieß Joy zurück. „He, willst du mich anmachen?", war ihr nächster Spruch, und Joy bekam von ihr noch einen Puff.

„Wehr dich doch, Schlampe", kam es nun von allen Seiten. Joys Brille fiel zu Boden. Als sie diese aufheben wollte, bekam sie einen Tritt ab, und schon lag sie auf dem Bauch. Aber was war das? Mit einem Schrei lag die rothaarige Cora plötzlich neben ihr. Kazim hatte sie an ihren langen Haaren zu Boden gerissen und ließ sie nicht mehr los.

„Joy steht unter meinem persönlichen Schutz, das solltet ihr wissen!", sagte er und zog Cora mit der einen Hand an den Haaren über den Boden; mit der anderen verpasste er einer der drei Schubserinnen einen Schlag ins Gesicht.

„So, und nun verpisst euch, ihr Modetussies. Ab heute haltet ihr immer schön drei Meter Abstand von Joy, sonst gibt's jetzt regelmäßig zum Frühstück was auf die Fresse."

Joy hatte sich unterdessen wieder aufgerappelt. „Kannst sie jetzt loslassen, ich glaub, sie ist erst mal bedient."

Die Pausenaufsicht, ein Schüler aus der zwölften Klasse, eilte herbei und wollte Kazim zur Rede stellen. Joy erklärte ihm den Ablauf des Geschehens und zeigte ihre verbogene Brille.

„Trotzdem, ihr nennt mir jetzt eure Namen. Ich bin in dieser Woche als Streit-schlichter eingesetzt und will euch alle zu einem Gespräch sehen. Wer nicht erscheint, wird der Schulleitung gemeldet", erklärte die Pausenaufsicht.

Als sie wieder allein waren, sagte Joy zu Kazim: „Jetzt hast du wegen mir noch Ärger, Kazim. Aber danke für deine Hilfe."

„Keine Ursache, das Streitschlichtungsgelaber lass ich auch noch über mich erge-hen. Ich war schon zweimal da. Das bringt sowieso nichts. Ist so eine neue Masche von der Schule. Die lange Rote hatte sowieso noch einen gut bei mir. Ich hatte die mal auf einer Schulfete zum Tanzen aufgefordert, da hat sie mich ‚Dönerfresser' genannt. Das passte schon alles. Hoffe nur, du hast jetzt Ruhe vor den Weibern."

Mittags bei Herta erzählte Joy Rollo von dem Vorfall. „Was meinst du, ob ich mal bei euch einen Karatekurs machen soll? Ich bin ziemlich hilflos in solchen Situationen."

Rollo nickte. „Das kann jedenfalls nicht schaden. Geh doch mal mit zum Training. Was hältst du von morgen Abend? Da läuft bei uns ein Kurs speziell für Frauen und Mädchen. Ich gehe gern mit dir hin und stell dich meinem Meister vor."

49

Joy nickte begeistert. „Ja, das passt. Das machen wir."

Mike kam kurze Zeit später, bestellte Pommes rotweiß und setzte sich zu den beiden. Auch er hatte von dem Vorfall gehört und wollte wissen, wie es Joy ging. „Geht schon, Kazim hat mir geholfen. Er ist aber ganz schön brutal eingestiegen. Ich hoffe, die lassen mich jetzt in Ruhe."

„Mike, wir haben noch eine verlorene Wette offen", erinnerte ihn Rollo.
„Du weißt doch, das Mopedrennen, bei dem Manni geschnappt worden ist."

„Was für eine Wette war das?", wollte Joy wissen.

„Der Verlierer muss auf der Mädchentoilette oder in den Umkleiden ein Handyvideo drehen. Möglichst in verfänglichen Situationen."

„Ach, das klappt doch nie. Wie soll denn einer von uns beiden auf die Mädchentoilette kommen?", winkte Mike ab.

Joy gab zu bedenken: „Manni wird darauf bestehen, dass die Wette eingehalten wird."

„Blöde Situation", nickte Rollo.

„Jungs, Kopf hoch, ich kann ja schließlich legal in diese Räume. Ihr braucht doch gar kein Risiko einzugehen. Oder habt ihr ausgemacht, wer das Video drehen muss?"

„Das würdest du wirklich für uns tun?", fragte Rollo begeistert.

„Ja, warum nicht", nickte Joy. „Ich bin im Augenblick nicht so gut auf die Weiber zu sprechen. Ihr seht ja, was sie mit mir gemacht haben. Und das war nicht das erste Mal."

„Darauf gebe ich einen aus", sagte Mike und kam mit drei Cola zurück.

„Das ist Joy aus meiner Clique, Sensei. Sie möchte sich mal das Training ansehen."

Sensei Piet nickte. „Willkommen, Joy. Du bist herzlich eingeladen mitzumachen."

„Ich bin mir nicht sicher, ob das was für mich ist. In der Schule bin ich kein Ass im Sport. Ich habe noch nie so etwas gemacht", antwortete Joy.

„Setz dich einfach dazu und schau dir an, was wir machen."

„Danke!"

„He Rollo, wir sehen uns um acht beim Wettkampftraining", bemerkte der Sensei.

Die Trainingsinhalte hatte sich Joy allerdings doch ganz anders vorgestellt. Der Meister erklärte, was es mit Anti-Opfer-Signalen auf sich hatte, und die Mädchen und Frauen mussten aufrecht durch die Halle gehen. Sie sollten Blickkontakt halten, wenn sie an ihm vorbeigingen. Im Anschluss folgten Übungen zum Neinsagen. Außerdem brachte er den Teilnehmerinnen bei, welche Kommunikationsformen ihnen in kritischen Situationen zur Verfügung stehen würden und wie sie diese einzusetzen hätten.

Joy kam ins Grübeln. Was war mit Schlagen und Treten? Deswegen war sie doch eigentlich hergekommen. Der Sensei antwortete: „Selbstverteidigung bedeutet auch, kritische Situationen schon im Vorfeld zu kontrollieren oder ihnen aus dem Weg zu gehen. Wenn du selbstbewusst auftrittst, wirst du auch nicht als Opfer wahrgenommen. In der Regel entwickelt sich ein Konflikt über die Sprache. Da ist es doch gut, wenn man ihn auch mit Kommunikation regeln kann, oder?"

Er hatte Recht. Wenn Joy sich richtig erinnerte, hatte in den letzten Wochen der Streit mit der roten Cora immer mit Beleidigungen angefangen.

Heute lag der Schwerpunkt des Trainings jedoch auf „Selbstbehauptung", erklärte der Sensei. „Wir sprechen im Karate von der äußeren Haltung. Sie steht für ein ausgeprägtes Gefühl der Präsenz, der Entspannung, der Willensstärke, der Beherrschung. Das Karatetraining kann diese Haltung stärken." Er zeigte auf ein japanisches Schriftzeichen an der Wand, unter dem stand: „Siegen, ohne zu kämpfen!"

Das leuchtete Joy ein. Und sie wusste plötzlich: Das musste sie unbedingt auch lernen!

Manni hatte schon die dritte Currywurst vor sich, als Kazim ihm mitteilte, dass er bei der Milchgeldaktion nicht mehr weitermachen würde.

„Wieso denn nicht?", fragte Manni verständnislos.
„Ich denke, du brauchst Kohle?"

„Ja, aber nicht so. Das ist nicht in Ordnung, ich hab da Bedenken.
Und wenn doch jemand petzt bei der Schulleitung oder der Polizei …"

„Ach was, das streiten wir einfach ab. Was glaubst du denn, wem sie mehr
glauben, uns oder den Kleinen?"

„Trotzdem, ich hör auf", meinte Kazim.

„Weichei, aus dir wird nie was. Das ist doch schnell verdientes Geld … aber das
musst du selber wissen. Man kann keinen zu seinem Glück zwingen!"

Kazim sagte: „Ich kann jetzt samstagsnachmittags bei uns an der Autowasch-
anlage für fünf Euro pro Stunde arbeiten. Das hilft mir schon weiter.
Mein Bruder macht das auch."

„Na, für mich wäre das nichts, die Autos von anderen Leuten zu waschen!", gab
Manni zurück. „Aber ich hab zurzeit sowieso andere Sorgen. Ich bekomme in Sport
eine Fünf ins Zeugnis. Der Sportlehrer, dieser Idiot, kann mich nicht leiden. Ich hab
nun mal keinen Bock auf zu viel Bewegung, aber eine Fünf geht gar nicht zurzeit."

„Es gibt doch diese Internetseite, www.lehrerban.de", sagte Kazim.
„Da werden die Lehrer an allen deutschen Schulen bewertet. Ganz anonym
natürlich. Was hältst du davon, wenn wir dem Idioten die mieseste Bewertung
verpassen, die möglich ist? Allerdings brauchen wir mindestens 30 bis 50 schlechte
Bewertungen. Und so viele Mitstreiter kriegen wir bestimmt nicht zusammen."

Manni grinste breit. „Fünf sind wir aus unserer Clique, und dann ist da ja noch
unser Computerfreak Joy. Die bekommt das schon hin, lassen wir sie nur ein
bisschen hacken im Netz!"

Kazim war sichtlich stolz, dass er Manni – und wenn auch nur mit einem guten
Einfall – hatte helfen können. Und er hatte vor allem das unangenehme Thema
Milchgeldkontrolle abgehakt. Dabei war ihm nämlich überhaupt nicht mehr wohl
nach seinem letzten Gespräch mit Joy. Außerdem konnte er Mannis Anerkennung
gut gebrauchen.

Per Handykonferenz wurde mit Joy der Sachverhalt ausgiebig erörtert.
Sie versprach, ihr Bestes zu tun. „Dieser Sportlehrer Grau ist ab nächste Woche
der mieseste Lehrer an Essens Schulen!" – „Du bist die Beste, Joy!"

Und wieder einmal zeigte sich, dass in der Curry-Clique fast alles geregelt werden konnte. Ob mit den richtigen Mitteln und auf dem richtigen Weg – wer wollte das schon beurteilen? Allenfalls Herta ... Joy überlegte darüber hinaus, wie sie ihren Freunden die versprochenen Videobilder liefern konnte. Viel nackte Haut und die so genannten „sekundären Geschlechtsmerkmale", wie es im Biologieunterricht so schön hieß, sollten in Großaufnahme zu sehen sein. Das Beste würde wohl sein, wenn sie nach dem Sportunterricht die Mädels beim Duschen filmte. Da waren die Mädels doch ganz nackt. Ja, das war eine gute Idee, damit konnte sie in der Gruppe punkten, und sie war ihren Jungs ja noch etwas schuldig!

Gleich am nächsten Tag setzte sie ihr Vorhaben in die Tat um. Mit einem extra großen Duschhandtuch und ihrem Handy bewaffnet, filmte sie die Mädchen beim Duschen. Sie tarnte die Kamera so geschickt, dass wirklich keines etwas merkte. Sogar ihre Erzfeindin Cora hatte sie auf dem Bild. Das würde Kazim sicher gut gefallen. Sie mochte sich allerdings gar nicht vorstellen, was passieren würde, wenn jemand jetzt Verdacht schöpfte. Ihr schlug das Herz bis zum Hals. Aber sie hatte Glück, unter dem Riesenhandtuch konnte man das Handy nicht sehen. Als Joy sich zuhause am PC ihren Softporno ansah, war sie stolz auf ihr Werk. Schnell schickte sie das Video an Rollo und Mike: „Hier euer Wetteinsatz! Joy." Dann war es Zeit für ihren Selbstverteidigungskurs. Heute waren auch Schlagen und Treten dran. Sie war schon ganz gespannt darauf.

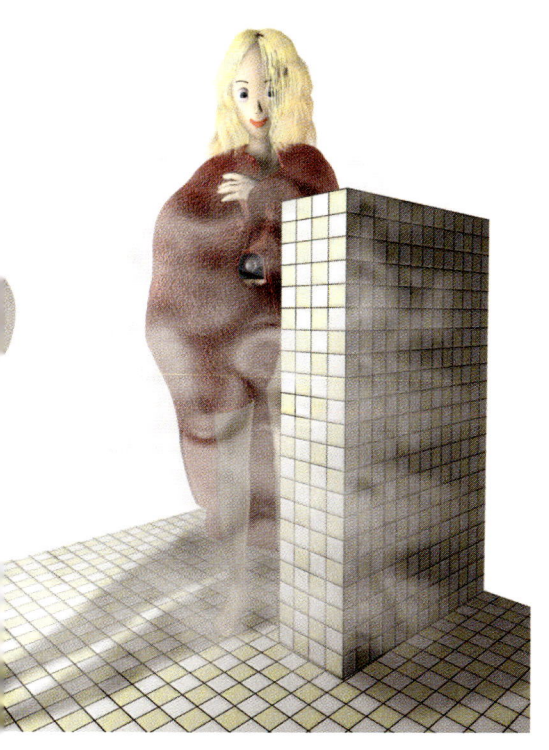

Etwa zehn Mädchen und Frauen hatten sich eingefunden, und der Meister erklärte Abwehrtechniken gegen Schläge und Stöße: „Karate ni sente nashi! Es gibt keinen ersten Angriff im Karate.
Ich möchte, dass ihr euch das zu Herzen nehmt: Erst wenn mildere Mittel, also beispielsweise die Kommunikation, nicht zum Ziel führen, dürft ihr euch auch mit Karatetechniken wehren. Die Betonung liegt aber immer auf ‚wehren'! So lauten auch die Gesetze in Deutschland:
Der Notwehrparagraph sagt deutlich: ‚Notwehr ist diejenige Verteidigung, die notwendig und erforderlich ist, um einen gegenwärtigen, rechtswidrigen Angriff gegen sich, aber auch gegen andere, abzuwehren.' Was hierzu notwendig und erforderlich ist, werden wir noch während des Trainings lernen."

Der Sensei hatte Anne mit in die Stunde gebracht. Er erklärte den Teilnehmerinnen, dass Anne als kleines Mädchen zu ihm gekommen war, um Karate zu lernen. Heute, nach zwölf Jahren, besaß sie den schwarzen Gürtel. Mit ihr wollte der Meister demonstrieren, wie sich Frauen gegen Angriffe erfolgreich wehren konnten. Wobei Anne aus Joys Sicht gar keinen übermäßig kämpferischen Eindruck machte: Sie hatte ungefähr Joys Figur und war einen Kopf kleiner als der Meister. Wie sollte sie sich effektiv wehren können? Joy war gespannt.

Anne wurde vom Meister angegriffen, gehalten, umklammert, geschlagen, getreten und zu Boden geworfen. Das heißt – er versuchte es. Doch blitzschnell blockte sie seine Angriffe ab und war wie eine Katze immer dort, wo man sie nicht vermutete. Sie befreite sich aus den unmöglichsten Situationen, in denen man ihr keine Chance mehr gegeben hätte. Ihr Blick signalisierte totale Konzentration und Wachsamkeit. Ihre Gegenangriffe unterstützte sie mit markerschütternden Schreien. Zum Schluss der Vorführung verbeugten sich der Meister und Anne voreinander.

Nun war der Funke endgültig bei Joy übergesprungen. Das wollte sie unbedingt auch können – und wenn es 20 Jahre dauern würde. Der Sensei sah das Funkeln in ihren Augen.

Suuuuuuummmmm. SMS von Rollo: „Hi, Joy, supergeiles Duschvideo, damit sind wir ganz weit vorn. Danke, wir lieben dich. Komm doch heute zu Herta, es gibt Currywurst all you can eat für dich!"

Mike wollte es sich nicht nehmen lassen, Manni das Duschvideo selbst zu schicken. Schnell tippte er ins Handy: „He, Alter, hier unsere verlorene Wette vom Mopedrennen in der letzten Woche. Wir hoffen, du bist mit dem Ergebnis zufrieden! Sind heute ab 5 bei Herta. Mike und Rollo."

Manni würde bestimmt aus dem Staunen nicht mehr rauskommen. Mike stellte sich schon sein überraschtes Gesicht vor, wenn er die Mädels aus der 12 nackt sehen würde. Er und Rollo hatten sich vorgenommen, ihn zunächst noch nicht darüber aufzuklären, wie die Aufnahmen zustande gekommen waren.

Genüsslich verglichen Rollo und Mike gerade die Bodies ihrer Schulkolleginnen auf dem Video, als Manni bei Herta einlief.

„Jungs, das Ding ist oberaffengeil. Wie habt ihr das bloß hingekriegt?"

„Betriebsgeheimnis", tat Rollo wichtig.

„Los, sagt schon, wie habt ihr das gemacht?"

„Sei nicht so neugierig" konterte Mike, „genieß lieber die Weiber. Wie wär's,
wenn wir eine Jury bilden und drei Kategorien beurteilen:
1. den besten Hintern, 2. die schönsten Möpse und 3. die tollste Figur insgesamt."

Auf einer leeren Pommesschale wurden die Wertungspunkte aufgeschrieben,
die die Curry-Jury festlegte. Herta hatte die Jungs selten so aufgedreht gesehen.
Es wurde gefachsimpelt, jedoch konnte keine Einigkeit über den „besten Hintern"
erzielt werden. Als Kazim hereinkam, wurde er von den dreien zunächst gar nicht
bemerkt.

„Was gibt es denn da so Spannendes zu sehen?", wollte er wissen.

„Du wirst es nicht glauben, bevor du es nicht selbst gesehen hast. Hier, schau
dir die verlorene Wette von Rollo und Mike an." Manni führte Kazim voller Stolz
das Duschvideo vor.

„Ich werd bekloppt, wo habt ihr denn
das Ding her? Schaut euch die Möpse
von der roten Cora an, und die Muschi
ist ja auch rot, ich werd wahnsinnig.
Los, spiel mir das auf mein Handy."

Die Jungs der Curry-Clique hatten noch
eine ganze Zeit lang ihren Spaß an Joys
Video. Herta schüttelte den Kopf und
machte sich dann an den Abwasch.

Fritten-Hertas Kommentar

Böse, böse Mädchen …
Für mich passt das ja irgendwie
nicht zusammen: Mädchen und
Gewalt. Wenn ich an Gewalt und
Geschlecht denke, dann denke ich –
einfach strukturiert, wie ich nun
mal bin – in Bildern: weibliche
Opfer und männliche Täter. Aber

Mädchen als Täterinnen? Das geht doch eigentlich nicht. Passt doch gar nicht zum
weiblichen Geschlecht, als Mädchen in einer Bande zu sein. Statt Küsse gibt's was
auf die Nüsse! Böse Mädchen, die trinken, rauchen, kiffen? Der Gedanke an diese
Krawallmaries, asozialen Schlägerinnen, Mannsweiber und Bandenmädchen
bringt mein Weltbild ins Wanken.

Mädchen schlagen nicht. Sie schlagen nur zurück! Damit tun sie doch nur das,
was sie in ihrer Familie gelernt haben. Es ist alles, was sie haben, um sich tatkräf-
tig zu wehren. Also ist die Bande für sie auch gut, um sich aus ihrer Opferrolle
zu befreien und sich aktiv zu schützen. So halten sie potenzielle Täter fern. Sie
spekulieren auf den Ruf der Unantastbaren. Sie verhalten sich wie Männer, um in
der Männerwelt zu bestehen. Wer in der Bande straffällig wird, kann allerdings
gut auch wieder zum Opfer werden. Wenn sie sich nämlich erwischen lässt. Und
dann hat sie Pech gehabt. Die nächste Bande, die dann auf sie wartet, ist nämlich
der Frauenknast. Viel Spaß. Mädchenbanden sind Freiheitsfallen. Gefährlichen
und irren Mädchen geht man besser aus dem Weg. Wer Gewalt anwendet,
um sich frei zu fühlen, hat schon verloren.

Aber die Videoaktion war natürlich auch nicht korrekt. Leute ohne ihr Wissen
zu filmen, noch dazu in verfänglichen Situationen, geht nämlich gar nicht.
Wo kommen wir denn da hin, wenn man keine Privatsphäre mehr hat?
Aber das kapieren die Kids nicht. Bis sie selbst mal dran sind. Dann merken sie
meistens ziemlich schnell, wie unangenehm und entwürdigend das ist.
Und dass man ganz schnell zum Gespött der anderen wird. Wie heißt es so schön:
Irgendwas bleibt immer hängen. Dann können sie mal versuchen, diesen Ruf
wieder loszuwerden. Das ist nämlich gar nicht so einfach. Aber mir glaubt
ja keiner was.

Braune Töne,
braune Soße

Joy war in ihrem Element. Die Aufgabe, auf der Internetseite www.lehrerban.de ein negatives Lehrerprofil für den verhassten Sportlehrer Grau zu erstellen, kostete sie gerade mal drei Stunden Arbeit. Sie tat es außerdem ja auch für Manni, den inoffiziellen Boss ihrer Clique.

Inzwischen war Joy bereits eine anerkannte Größe unter den Internethackern; es gab nicht viele Mädchen, die da mithalten konnten. Viel hatte sie natürlich von ihrem Vater gelernt, der ihr schon einen PC geschenkt hatte, als sie noch gar nicht richtig sprechen konnte. Erfolgreich war der Vater in seinem Beruf gewesen. Und jetzt? Joy durfte darüber gar nicht nachdenken. Als die Polizei ihren Vater vor einem halben Jahr in einer Nacht- und Nebelaktion festgenommen hatte, weil er verbotene Internetgeschäfte getätigt haben sollte, war das ein großer Schock für sie gewesen. Sie schämte sich für ihren Vater, vor allem auch vor der Nachbarschaft und dem Bekanntenkreis. Zum Glück war es in der Schule noch nicht publik geworden, und Manni würde ja dichthalten. Das hatte er ihr versprochen.

SMS an Manni: „He, Alter, schau mal in www.lehrerban.de: Grau ist ab heute der Loser-Lehrer Nr. 1 in Essen. Joy"

SMS von Manni: „Baby, du bist die Größte. Kommt gerade richtig. Morgen ist in meiner Sache Schulkonferenz, weil meine Noten so schlecht sind. Bis dann."

Einen Tag später saßen Manni, sein Vater, Familienanwalt Dr. Schröder, der Direktor und Mitglieder des Lehrerrates in einer Schulkonferenz zusammen. Der Direktor schilderte Mannis Vater die fatale Lage seines Sohnes und verwies auf dessen durchgehend schlechte Leistungen in der zurückliegenden Zeit. Selbst für das Fach Sport lasse sich Manni nicht motivieren. Danach hatte schließlich Manni die Möglichkeit, sich zu erklären: „Ich gebe ja zu, dass es in einigen Fächern nicht so läuft, wie es sein soll. Aber da Sie gerade den Sport erwähnen, Herr Direktor, der Sportlehrer Grau kann mich persönlich nicht leiden. Er ist der meistgehasste Lehrer hier an der Schule. Schauen sie doch mal in die Beurteilung auf www.lehrerban.de. Das sind niederschmetternde Urteile. Nicht umsonst nennt man ihn den General."

Manni hatte nicht im Entferntesten ein schlechtes Gewissen wegen seiner Aktion. Dummerweise ließen sich der Direktor und die anwesenden Lehrer nicht davon beeindrucken. Man wolle das „prüfen", hieß es. Ihm wurde ein Schulverweis in Aussicht gestellt. Familienanwalt Dr. Schröder kündigte eine rechtliche „Überprüfung der Maßnahme" im Kultusministerium an. So war das nun mal, wenn man genug Geld hatte, um sich einen Anwalt zu leisten.

„Wir reden später darüber, wenn alle Fakten auf dem Tisch liegen", kündigte Mannis Vater an. „Im schlimmsten Fall bleibt immer noch das Internat!" Allein schon bei dem Wort wurde Manni übel. Der Vater rauschte im Firmenmercedes davon. Und Manni brauchte erst mal eine Currywurst. Lernen konnte er heute sowieso nichts mehr. Mal sehen, was Herta zu dem Problem zu sagen hatte. Irgendwie war die Situation so richtig verfahren.

„Warum habe ich eigentlich immer nur Pech?", dachte Manni bei sich.

„Rollo, hast du Lust auf ein Rockkonzert am Samstag in Gelsenkirchen?", wollte Mike wissen. „Die Gruppe heißt Braune Töne. Ich habe zwei Freikarten geschenkt bekommen."

„Was machen die für Musik? Sind die gut?"

„Ja klar, schau die mal im Internet an auf www.rechtsrocken.de.
Da kannst du Ausschnitte aus dem letzten Konzert sehen."

„Ich sag dir morgen Bescheid. Ich muss erst meine Mutter fragen, okay?"

„Ja, alles klar!"

Rollo war immer für Rockmusik zu begeistern. Wie Mike: Der hatte eine ausge-
suchte Sammlung der bekanntesten Rockinterpreten und war immer auf der
Suche nach neuen guten Bands. Das musste wohl in der Familie liegen. Mikes
Vater hatte nämlich früher in einer Rockband gespielt, war Heavy-Metal-Fan und
wusste alles über die Musik der 70er- und 80er-Jahre. Oft hörten sie zusammen
diese Musikkonserven. Er konnte seinem Sohn zu jeder Band spannende
Geschichten erzählen. So ermutigte er seinen Sohn, zu dem Konzert zu gehen,
und bot sich an, ihn und Rollo nach Gelsenkirchen zu fahren und auch wieder
abzuholen. Umso mehr freute sich Mike über die Zusage von Rollo.

„Danke an deinen Vater, dass er Taxi für uns spielt."
Für Rollo war es das erste Mal auf einem Rockkonzert.
Er war schon sehr gespannt, was dort abging. Sie ließen
sich beide etwas früher zum Konzert bringen, schließlich
wollte man ja einen guten Platz ergattern. „Der frühe
Vogel fängt den Wurm", meinte Mike.

*Haaaaaallo,
der frühe Vogel
fängt den Wurm,
nicht die Wurst!*

„Komm, wir kaufen uns ein Programm", erklärte Rollo.
Sie suchten sich ein übersichtliches Plätzchen, und Mike
vertiefte sich in die Liedertexte aus dem Programm.
„Scheint ja eine abgedrehte Truppe zu sein, diese
Braunen Töne", meinte er. „Hör dir das mal an:
,Haut dem Türken jeden Morgen auf die Murmel …'
Oder hier: ,Ausländerjagen ist geil …'."

„Und wie die alle rumlaufen. So viele Glatzköpfe hier", pflichtete ihm Rollo bei.

Ein Typ, der ein T-Shirt mit dem Bandnamen trug, gesellte sich zu Rollo und
Mike. „Erstes Mal bei uns?", wollte er wissen.

„Ja, wir sind beide Rockfans, und was ich so im Internet gesehen habe, hat mir
ganz gut gefallen", antwortete Mike.

„Ich bin Hans", stellte sich der andere vor. „Wenn ihr etwas braucht, könnt ihr mich ruhig ansprechen – oder einen von den anderen mit den Band-Shirts."

„Sind das die Texte der Songs, die ihr heute Abend spielt?", fragte Mike.

„Ja, aber nicht alle. Wir sind eine deutsche Gruppe – rein deutsch, wenn ihr wisst, was ich meine! Ausländer und solche Typen mögen wir nicht. Wie gefallen euch denn die Texte?" fragte Hans.

„Na ja, sie sind ein bisschen gewöhnungsbedürftig. Ich hab jedenfalls noch nie was in der Richtung gehört", gab Mike zu.

„Ja, wir singen, was viele in Deutschland denken. Dazu war Musik schon immer da, als Protestplattform sozusagen. Schaut doch mal, was gerade gestern in der Zeitung stand und über alle Fernsehkanäle kam: Zwei Ausländer haben einen deutschen Rentner in einer Münchener U-Bahnstation halbtot getreten. Und nur, weil er sie vorher in der U-Bahn darauf aufmerksam gemacht hatte, dass sie nicht rauchen sollten." Hans geriet zusehends in Fahrt. „So geht man mit uns Deutschen um – und das schon seit Jahren. Dagegen wollen wir was tun. Quasi so wie Greenpeace gegen Naturkatastrophen kämpfen, versteht ihr? Oder gefällt euch etwa, was da abläuft?"

„Nein, nein", sagte Rollo schnell. „Das war schon eine Riesensauerei mit dem alten Mann."

„Sie kommen nach Deutschland, arbeiten nicht, leben vom Staat und schnappen uns unsere Mädels weg. Und dann schlagen sie noch unsere Rentner tot", ereiferte sich Hans.

„Ja, das ist schon beschissen mit dem alten Mann", gab auch Mike zu.

Die Lautstärke nahm langsam in der Halle zu. Hans verabschiedete sich und meinte, man würde sich noch sehen. Außerdem sollten Mike und Rollo mal die Internetseite besuchen, dort gäbe es ein Forum für Gleichgesinnte. Die Braunen Töne rockten ein Stück nach dem anderen hin. Mike war begeistert von der E-Gitarre. „Die sind wirklich gut", brüllte er Rollo zu.

Für beide war der Abend ein Highlight: zum ersten Mal auf einem Livekonzert. Sie drehten ein kleines Video mit dem Handy und schickten es an Joy, die sich über so etwas immer freute. „Gute Idee, Rollo!", sagte Mike.

 Zwei zufriedene, aufgedrehte Nachwuchsrocker warteten auf Mikes Vater nach dem Konzert. „Das war übrigens schon immer so mit den Musikgruppen", erzählte Mike währenddessen. „Mein Vater hat mir erzählt, dass in früheren Jahren schon immer Protestbewegungen von einzelnen Sängern und Gruppen ausgingen", sagte Mike. „So haben sie z. B. gegen den Vietnamkrieg protestiert. Durch die Musik haben sie sich Gehör verschafft, vielleicht wollen Typen wie Hans das ja auch."

„Ja, wahrscheinlich, das ist ja auch eine Schweinerei, wenn hilflose alte Menschen zusammengeschlagen werden!"

Da meldete sich Joy per SMS: „Danke für den Film. Geile Gruppe, beim nächsten Mal könnt ihr mich mitnehmen!"

„Fuck the Teachers!"

Das Graffito war quer über die Eingangstür gesprayt. In rotoranger Leuchtfarbe und riesig groß – wenigstens drei mal zwei Meter. Ein ratloser Hausmeister diskutierte mit dem Direktor und einigen Lehrkräften, während sich ein paar Fünftklässler köstlich amüsierten. Jemand hatte ihnen erklärt, was „fuck" bedeutete.

„Wer verhält sich denn so an unserem Gymnasium?",
wollte Englischlehrerin Frau Dr. Schneider wissen.

„Ja, ja, kein Respekt vor fremdem Eigentum. Ich sag ja immer, dass die mehr Disziplin brauchen", polterte Sportlehrer Grau los.

Nach fruchtlosen Diskussionen und einer fotografischen Spurensicherung mit entsprechendem Protokoll machte sich Hausmeister Wille in der großen Pause daran, das Graffito zu entfernen. Zuvor hatten jedoch schon hunderte Schüler-handys das Kunstwerk abgelichtet. Und schon brodelte die Gerüchteküche über, auf wessen Konto diese Aktion ging und wer als „Täter" (so die einen) oder als „Held" (so die Meinung der anderen) in Frage kam.

Helle Aufregung auch in der Klasse von Joy und Kazim. Klassenlehrer Mayer referierte über Auswirkungen solchen Verhaltens auf die Kopfnoten, sprach von Sozialverhalten, Verantwortungsbereitschaft, Zuverlässigkeit und Sorgfalt blablabla …

„Das soll er doch denen erzählen, die es auch gemacht haben, und nicht uns die Ohren volllabern", flüsterte Kazim Joy zu. „Außerdem gilt dasselbe ja auch für einige Teacher, oder?" Joy kicherte.

Mittags war Hertas Imbiss gerammelt voll. Thema Nummer eins war immer noch das Graffito. Auch die Curry-Clique war vollzählig. Rollo und Mike erzählten vom Rockkonzert am Wochenende, und Manni berichtete von seinem Negati-verlebnis bei der Schulkonferenz und dem drohenden Schulverweis.

„Hat denn die ‚Lehrer-Grau-Miesmachaktion' im Internet nichts gebracht?", wollte Joy wissen.

„Unser Anwalt will das Ganze prüfen", antwortete Manni kleinlaut. Dann senkte er die Stimme zu einem verschwörerischen Flüstern. Er machte der Clique ein Zeichen, die Köpfe zusammenzustecken: „Die Fuck-the-Teachers-Nummer heute war übrigens von mir. Ich musste mal meinen Frust ablassen!"

„Waaaas, du warst das?" Kazim machte große Augen und konnte sich kaum einkriegen. „Cool!"

„Mensch, nicht so laut, das darf niemand erfahren, hängt das bloß nicht an die große Glocke", zischte Manni.

„Du weißt doch: Geheimnisse sind bei uns gut aufgehoben!", stellte Joy fest.

Es war schon spannend in der Curry-Clique. Da war immer was los!

Mike saß mit seinen Eltern beim Abendessen. Man erzählte sich die Ereignisse des vergangenen Tags. Und es wurde über die Anschaffung eines neuen Rollstuhls für die Mutter diskutiert. Die neuen Modelle konnte man mit erheblich weniger Kraftaufwand bewegen. Man beschloss, am nächsten Wochenende gemeinsam ins Fachgeschäft nach Duisburg zu fahren. Und Mike berichtete von dem Graffito – aber natürlich verschwieg er, dass Manni der Täter war. Dieses Geheimnis blieb in der Clique.

„Wie hat dir denn die Musik am Wochenende auf dem Rockkonzert gefallen?", wollte sein Vater wissen. Mike schilderte begeistert die Leistungen der einzelnen Musiker. Dann holte er das Programm mit den Texten aus seinem Zimmer und zeigte es seinem Vater: „Die Texte waren schon etwas anders als sonst."
Er berichtete auch von Hans und dem, was er gesagt hatte.

Bei der Lektüre der Texte wurde das Gesicht seines Vaters ernst. „Ich muss gestehen, ich habe da wohl einen Fehler gemacht. Ich hätte mich besser informieren sollen, wo du da hingehst. Ihr seid, wie es scheint, in eine rechte Rockveranstaltung geraten. Wenn ich mir dann auch noch die Kommentare von diesem Hans anhöre, mache ich mir große Vorwürfe, dass ich dich dort hingelassen habe."

„Aber wieso denn?", wollte Mike wissen. „Du hast mir doch erzählt, dass früher immer Musiker ihren Protest an der Gesellschaft über ihre Musik vermittelt haben!"

„Ja, Mike, aber das ist ein großer Unterschied zu dem, was hier abläuft", antwortete sein Vater.

„Diese Braunen Töne rufen zu Gewalt auf. Protest sollte aber immer friedlich bleiben. Das haben die Musiker aus den 70ern, die gegen den Vietnamkrieg oder gegen Unterdrückung waren, auch so gehalten. Aber hier wird eine menschenverachtende Gesinnung vermittelt. Die 68er-Musikbewegung hat Frieden und Flower Power besungen. Sicher ist man in Einzelfällen auch für die Legalisierung von Marihuana eingetreten, aber das ist kein Vergleich zu dem hier. Diese rechten Typen wollen ihre Ideologie über ihre Konzerte verbreiten. Sie rufen zu Hass auf, Hass gegen die Menschen, mit denen wir zusammenleben. Hass auch zum Beispiel gegen deinen Freund Kazim, nur weil er in einem anderen Land geboren ist. Musik geht unter die Haut, in den Bauch. Das sind Emotionen, und wer die bewusst in die falsche Richtung lenkt, handelt verwerflich."

Mike hatte seinen Vater selten so aufgebracht erlebt. Sie diskutierten an diesem Abend noch lange über die Braunen Töne und ihre braune Gesinnung.
Am nächsten Tag erzählte Mike Rollo von der abendlichen Unterhaltung mit seinem Vater.

„Irgendwie waren die Typen schon merkwürdig", meinte Rollo nachdenklich. „Obwohl ihre Argumente doch eigentlich richtig waren. Man darf alte Leute nicht halbtot treten, oder? Trotzdem: Ich weiß auch nicht so recht, was ich davon halten soll."

Joy machte Fortschritte in ihrem Kurs, der mit „Karate, Selbstverteidigung und Selbstbehauptung für Mädchen" überschrieben war. Es ging nicht ganz so streng dort zu wie in einem reinen Karatekurs, aber neben den Selbstbehauptungsübungen lernten sie auch die eine oder andere Karatetechnik. Bereits nach den ersten vier Wochen fühlte sie sich schon besser für kritische Situationen gewappnet, auf die sie vor dem Kurs sicher nur mit Angst und Hilflosigkeit reagiert hätte.

Die Stunde wurde nun von Anne geleitet. Sie besaß den schwarzen Gürtel in Karate, studierte Sport, Mathematik und Psychologie. Sie war bei allen Teilnehmerinnen sehr beliebt. Mit ihr konnte man ganz offen reden, weil ja keine Männer dabei waren.

„Die Übungen, die wie hier trainieren, funktionieren nach dem psychologischen Prinzip: Denken ist Probehandeln!", erklärte sie. „Je mehr Varianten ihr denkt, übt oder trainiert, desto mehr Erinnerungen werden im Gehirn als schon mal erlebt und schon mal gemacht abgespeichert. In einer bedrohlichen Situation habt ihr dann die Möglichkeit, mit Hilfe von rationalen und geordneten Denkprozessen Emotionen wie Angst in den Griff zu bekommen. Das gibt euch den Mut, euch zu verteidigen. Gefühle der Hilflosigkeit und des Ausgeliefertseins bekommen keinen Raum. Geordnete Denkprozesse eröffnen euch die Möglichkeit, euch effektiv zu verteidigen."

Das klang für Joy sehr plausibel. Trainerin Anne war schon in gewisser Weise ein Vorbild für sie geworden.

Joys Kurs endete um 19 Uhr. Rollo wartete mit seiner Gruppe schon auf den Beginn ihrer Stunde. Heute empfand er sein Training als besonders hart. Nach einer mörderischen Gymnastik ließ der Sensei die Gruppe hunderte Fußstöße wiederholen. Immer, wenn Rollo dachte, nun sei er am Ende, feuerte Sensei Piet die Gruppe lautstark an, sodass alle noch einmal die letzten Reserven mobilisierten.

In den Phasen der Erholung erklärte der Sensei, dass der Kampf gegen sich selbst oft schwerer sei als der gegen andere. Das konnte Rollo nach dem heutigen Training gut nachvollziehen. Wie oft hätte er schon aufgegeben und nicht mehr weitergemacht, wenn ihn der Sensei nicht immer wieder angefeuert hätte. Rollo nahm die Gelegenheit wahr, um mit Sensei Piet nach dem Training über das rechte Rockkonzert und die Ansichten der Band zu sprechen. Er hatte ja keinen Vater wie Mike, und seine Mutter kannte sich mit solchen Themen nicht aus.

„Halt dich an die Werte, die das Karate vermittelt!", riet ihm der Sensei. „Dann machst du nichts falsch."

„Und was sind diese Werte im Karate?", wollte Rollo wissen.

„Selbstbescheidung"/Dankbarkeit/Demut,...

↑

„Höflichkeit, Respekt, Mut, Bescheidenheit, Selbstbeherrschung, Friedfertigkeit – das sind die Werte der Samurai", antwortete der Sensei.

↓

= *disziplinierte Lebensweise u. bewusste* *(„Achtsamkeit")*

↓

Wir, anderen Menschen, dem Leben gegenüber

„Aber wieso Friedfertigkeit – ich dachte, das waren japanische Ritter?"

„Es gab eine lange Phase des Friedens in der japanischen Geschichte", erläuterte der Sensei. „In dieser Zeit fand neben der Auseinandersetzung mit den äußeren Techniken, zu denen neben dem Schwertkampf auch die Kampfkunst Karate gehörte, eine intensive Auseinandersetzung mit den inneren Techniken statt, zu denen die eben erwähnten Werte gehören. Du hast heute erlebt, wie Selbstdisziplin und Wille zum Durchhalten gefordert wurden. Heute musste ich noch nachhelfen, aber irgendwann auf deinem Karateweg wirst du es aus dir heraus schaffen, davon bin ich überzeugt. Dann beherrschst du auch eine innere Technik. Ich versuche, euch, meinen Karateschülern, möglichst viel von diesen Techniken zu vermitteln, damit ihr sie dann auch im Alltag anwenden könnt. Für euch junge Menschen ist es in der heutigen Zeit schwierig, euch zu orientieren. In unserer Gesellschaft gibt es leider nicht nur positive Werte, sondern auch negative – wie sie z. B. oft durch Gruppierungen wie diese Braunen Töne propagiert werden. Diese Leute wollen euch auf ihre Seite ziehen. Sie wollen, dass ihr ihnen blind in ihren menschenverachtenden Anschauungen folgt und aufhört, selbst zu denken. Das ist nicht in Ordnung." Sensei Piet sah Rollo eindringlich an. „Es erinnert an den Rattenfänger von Hameln. Der Sage nach lockte er mit seinem Flötenspiel zuerst die Ratten und dann die Kinder aus der Stadt. Diese rechten Musiker tun es auf ähnliche Weise mit euch."

Der Sensei lächelte Rollo an. „ Aber das Wichtigste bleibt immer: Bilde dir eine eigene Meinung zu solchen Dingen und steh zu ihr. Sei kritisch und sag, was du denkst. Das nennt man übrigens Zivilcourage."

braun tragen eigentlich nur Würstchen

Fritten-Hertas Kommentar

Ja, ja, die neueste Plage der Menschheit sind die Rechtsextremen, die Neonazis. Na ja, so neu sind sie nun auch wieder nicht. Aber umso schlimmer, diese braunen Ratten! Rassistische Idioten, sag' ich nur! Die haben nur Nationalismus und

Rassismus im Kopf. Sonst nichts. Die wollen ihrer irren Denke alle Werte und Menschenrechte unterordnen und versuchen, unsere Demokratie von innen heraus zu zerstören, zu zerfressen, wie Ratten eben. Ihre Borniertheit, Dummheit und Fremdenfeindlichkeit hängt mir zum Hals raus. Ich gucke ja ab und zu mal auf die Internetseite des Verfassungsschutzes[1]. Da finde ich immer interessante Infos, die sogar ich verstehe! Neulich habe ich gelesen, dass diese Neonazis verfassungsfeindlich sind. Und menschenverachtend. Und total gewaltbereit und echt gefährlich. Aber das wissen wir ja nicht erst seit heute.

Vorsicht auch bei allen Sekten. Den Namen Scientology hat ja jeder schon mal gehört, den Namen Tom Cruise erst recht. Wenn ich sein Gelaber höre, kriege ich die Krätze. Die sind eigentlich auch nicht besser als die Neonazis. Sie betrachten sich als Wesen zwischen Mensch und Gott und streben die „Weltherrschaft" an. Klingt wie schon mal gehört. Nach außen tun sie freundlich, sind es aber nicht! Der Verfassungsschutz hat sie im Blick; er beobachtet sie, weil sie ja als Sekte gelten. Dabei kann man sie kaum ernst nehmen. Sie glauben ihrem Gründer Hubbard, dass die Menschheit vor 75 Millionen Jahren von einem brutalen Außerirdischen auf die Erde gebracht wurde. Jetzt streben sie höhere Seinsebenen an. Allerdings haben ihre Mitglieder wenig zu lachen und werden genau kontrolliert. Aber alles, was mit Zwang und Repressalien zu tun hat, wendet sich gegen die Grundrechte, die in unserem Grundgesetz verankert sind. Die haben doch gewaltig einen an der Klatsche! Und deshalb darf man solchen Sekten, genau wie den Rechten, nicht aufsitzen. Ich rufe diesem Gesocks zu: Ihr seid abstoßend, Ekel erregend und habt nichts im Hirn. Und es ist ja wohl kein Zufall, dass eure Lieblingsfarbe braun ist – braun wie … ihr wisst schon, was. Ihr seid ja auch nicht viel besser als das. Wir wollen euch hier nicht haben. Merkt euch das und haut endlich ab!

Den Jungs und Mädels in meinem Imbiss rate ich immer: Bleibt wachsam und hellhörig bei braunen Tönen und Organisationen, die euch vorbeten, was ihr zu glauben und wie ihr euch zu verhalten habt! Hört auf mich! Gebt eure freie Meinung nicht auf und steht dazu. Dann kann euch nichts passieren.

Früher gab's hitzefrei, heute amokfrei!

Kazim hatte Probleme in Mathe. In den anderen Fächern ging es einigermaßen, aber mit Mathe klappte es überhaupt nicht, sosehr er sich auch abmühte. Vier, fünf, fünf , sechs – das war die Ausbeute an Zensuren aus den letzten Arbeiten. Er stand auf Fünf, weil er es einfach nicht verstand. Da blieb nur eines: Nachhilfe! Er wollte Mike fragen, denn der war ein Matheüberflieger. Kein Wunder, das hatte er von zuhause mitbekommen. Da war Mathe ein regelrechtes Hobby: Seine Mutter hatte mehrere Sudoku-Turniere gewonnen. Und auch sein Vater war in dieser Hinsicht ein Ass.

„Danke, dass du mir hilfst", begrüßte Kazim Mike an der Tür. „Kannst du deine Schuhe ausziehen? Das machen wir bei uns so."

„Kein Problem. Tag, Frau Özek", begrüßte Mike Kazims Mutter.

„Schön, dich mal kennen zu lernen", antwortete Kazims Mutter. „Mein Sohn hat mir schon viel von der Clique erzählt, aber seine Freunde bringt er nie mit nach Hause."

Mike und Kazim verzogen sich in das Zimmer, das sich Kazim mit seinem älteren Bruder teilte, und paukten leidlich Mathe. „Manni muss wahrscheinlich von der Schule", sagte Kazim, als nach drei Stunden ihre Köpfe rauchten. „Es sieht nicht gut aus."

„Ja, das habe ich auch gehört, noch ist aber nichts entschieden", nickte Mike. „Komm, lass uns für heute Schluss machen, mehr geht eh nicht mehr rein."

„Ja, lass uns zu Herta fahren. Mal sehen, was da los ist."

Im Bus nahm Kazim den Faden wieder auf: „Es wäre echt schade, wenn Manni ins Internat müsste. Der hat immer so gute Ideen. Ich versteh sowieso nicht, dass er so schlecht ist, er bekommt doch zuhause alles reingeschoben. Und eine Nachhilfe kommt auch fast jeden Tag. Irgendwie beneide ich ihn um das, was er hat. Ich habe dagegen gar nichts. Nicht mal ein eigenes Zimmer."

„He, was redest du denn da, Kazim?", ereiferte sich Mike. „Was soll das heißen: Du hast nichts? Du hast eine Familie, die immer für dich da ist. Dein Vater arbeitet hart, damit du und deine Schwester ins Gymnasium gehen könnt und dein Bruder studieren kann. Das soll erst mal einer deinem alten Herrn nachmachen. Kohle ist nicht alles, Kazim. Manni hat schon öfter zu mir gesagt: Du und Kazim, ihr habt es gut, ihr habt eine richtige Familie, aber meine Eltern sind fast nie zuhause."

„Das hat er wirklich gesagt?", fragte Kazim überrascht.

Mike nickte. „Ja!"

So hatte Kazim das noch gar nicht betrachtet. Er hatte sich immer ein wenig geschämt, weil bei ihnen nicht so viel Geld da war für Klamotten oder MP3-Player. Aber Mike hatte Recht: Er musste seinem Vater unbedingt einmal sagen, dass er ein toller Typ war. Das war ihm gerade klar geworden.

Manni und Joy saßen schon bei Herta und aßen gerade eine Currywurst.

„Hi, ihr beiden", sagte Mike.

„Wir bereiten gerade Mannis Abschiedsparty von der Schule vor", erzählte Joy.

„Ist es schon amtlich, dass du wegmusst?", wollte Kazim wissen.

„Sieht ganz so aus", gab Manni kleinlaut zu. „In zwei Monaten ist Schluss, dann werde ich wohl auf ein Internat müssen."

„Schade, Alter", meinte Mike. „Such dir bloß was hier in der Nähe.
Wäre nämlich echt öde ohne dich."

„Und du willst wirklich eine Abschiedsparty geben?", hakte Kazim nach.

Joy und Manni blickten sich geheimnisvoll an. „Und was für eine, darauf kannst du dich verlassen. Mehr wird nicht verraten."

„So, was machen wir jetzt noch? Irgendwelche Vorschläge?", fragte Mike.

„Im Cinemaxs läuft der neue Film mit Will Smith – ‚I am Legend'.
Total abgespaced", sagte Manni. Eine Stunde später saßen die vier mit einem Zentner Popcorn im Kino.

Joy bekam zum ersten Mal Gewissensbisse wegen Mannis „Auftrag", den sie erledigen sollte. Er wollte ja noch eine eigene „Abschiedsparty" starten, von der er ihr ausführlich erzählt hatte.

Nun stand fest, was sich schon seit längerer Zeit abgezeichnet hatte: Manni durfte nicht länger auf dem Gymnasium bleiben. Auch der Familienanwalt war machtlos und konnte angeblich nichts mehr „drehen", wie Manni sich ausdrückte. Aber so ganz ohne zünftigen Ausstand wollte Manni nicht weg. Die Lehrer sollten schon noch „zittern", so Manni.

Joy sollte Manni dabei helfen, über das Internet eine Drohung an die Lehrerschaft der Schule zu veröffentlichen. Diese Veröffentlichung durfte natürlich nicht zu recherchieren sein und musste anonym bleiben. In der Sache war das keine allzu schwierige Aufgabe für Joy. Sie begann sich jedoch zu fragen, ob diese Nummer nicht doch ein wenig zu groß war. Manni stellte sich eine Bombendrohung vor. Den Lehrern und der Schulleitung sollte so richtig „die Muffe gehen".
Die anderen aus der Clique sollten zunächst nicht eingeweiht werden.

Heute hatten sich beide wieder bei Herta verabredet. Manni kam so gegen drei Uhr. „Wir können das Ganze von einem Internetcafé aus ins Netz einspeisen", erklärte Joy, als Mike und Rollo wieder gegangen waren. „Wenn ich dich richtig verstanden habe, willst du deine Infos auf der Webseite der Schule platzieren, oder?"

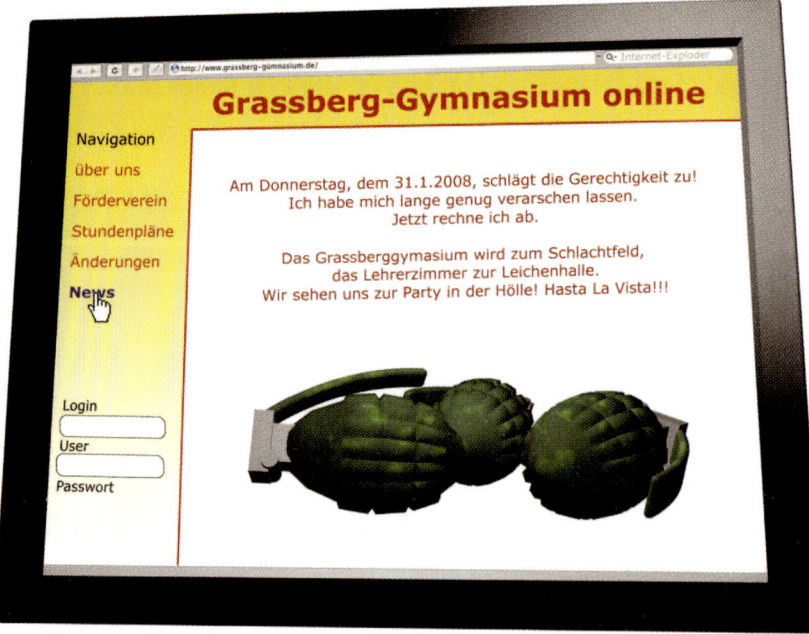

„Infos", sagte Manni verächtlich. „Das ist sehr human ausgedrückt." Er warf sich in die Brust. „Den Brüdern mach ich richtig Dampf. Und den Schülern verschaffe ich einen Tag schulfrei! Ich hab hier ein paar Fotos, die ich gern mit dem Schreiben eingestellt haben möchte." Manni gab Joy einige Fotos, auf denen verschiedene Waffen abgebildet waren: zwei Gewehre und zwei Pistolen; in kleinen Kartons konnte man auch Munition erkennen.

„Was sind das denn hier für Eier?", wollte Joy wissen.

„Handgranaten, Baby, richtige Handgranaten, wie man sie im Krieg benutzt."

„Hast du die denn wirklich?", wollte Joy erschrocken wissen.

Manni zuckte die Achseln. „Ist doch egal. Du brauchst nicht alles zu wissen. Du sollst nur die Fotos und diesen Text veröffentlichen."
Und er schob ihr einen Zettel zu. Darauf stand:

„Am kommenden Donnerstag schlägt die Gerechtigkeit zu! Dann ist Zahltag. Ich habe mich lange genug verarschen lassen. Jetzt rechne ich ab. Das Grassberggymnasium wird zum Schlachtfeld, das Lehrerzimmer zur Leichenhalle. Wir sehen uns zur Party in der Hölle! Hasta la vista!"

Joy musste schlucken. „Manni, ich weiß nicht, ob das wirklich so eine geile Nummer wird!"

„Komm, ich bring ja nicht wirklich jemanden um", beruhigte Manni sie. „Obwohl es ein paar von den Dumpfbacken schon verdient hätten! Und für euch springen immerhin ein oder zwei Tage schulfrei dabei raus. Mindestens. Das ist doch was, oder?"

„Und was ist mit den Waffen?", wollte Joy wissen.

„Ach, das sind die Jagdwaffen von meinem Alten, die habe ich fotografiert."

„Und du meinst das auch wirklich alles nicht so?" Joy wollte es sicherheitshalber ganz genau wissen.

„He, du kennst mich doch. Ich würde nie jemanden umlegen. Aber ich sage dir, wenn die mich sowieso von der Schule werfen, will ich doch wenigstens noch was davon haben."

Mannis kleine „Abschiedsparty" … Im Bus, auf dem Weg zu ihrem Selbstverteidigungskurs, sah sich Joy noch mal die Bilder und den Text von Manni an, den sie gerade bekommen hatte. Bestand denn die Möglichkeit, dass Manni seine Drohung in die Tat umsetzen würde? Nein, dazu war er sicher nicht imstande. Als Pseudo-User die Sachen auf die Schulwebseite zu stellen, war für Joy überhaupt kein Problem. Trotzdem hatte sie ein ganz blödes Gefühl im Bauch.
Sie war froh, im Kurs wieder auf andere Gedanken zu kommen. Wie immer, traf sie danach Rollo, der gleich im Anschluss sein Training hatte.

„Hast du was? Du bist so komisch", bemerkte Rollo.

„Nö, nö, alles klar", sagte Joy.

In Steele gab es ein kleines Internetcafé. Es wurde überwiegend von Ausländern besucht, die von dort Kontakt zur Heimat hielten, und war für Joys Vorhaben genau der richtige Ort. Sie hatte sich wie ein Junge angezogen. Wenn schon, denn schon, dachte sie, man konnte ja nie wissen, wem man hier zufällig über den Weg lief. Innerhalb von 15 Minuten war alles in die Wege geleitet. Joy surfte zur Tarnung noch etwas auf die Seiten einiger Reiseveranstalter und ging dann nach Hause. War das alles spannend. Sie kam sich vor wie in einem Krimi, hatte aber auch gleichzeitig ein unheimlich schlechtes Gewissen und Angst, trotz aller Vorsichtsmaßnahmen doch erwischt zu werden. „Hoffentlich kommt das nicht raus! Hoffentlich erwischen die mich nicht!" Konnte man eigentlich dafür bestraft werden? Und was war eigentlich mit ihrem Vater gewesen? Vielleicht hatte er ja auch so etwas Ähnliches nur getan, um jemandem einen Gefallen zu erweisen? Sie simste Manni: „Einladung ist rausgegangen!" Und postwendend kam zurück: „Super. Danke!"

Rollo stieg mit Joy aus dem Bus und lief wie jeden Tag den letzten halben Kilometer zu Fuß. Er wunderte sich über den Polizeihubschrauber, der über ihnen kreiste. Noch mehr wunderte er sich über das Blaulichtgewitter vor der Schule. Überall standen Polizeiwagen und Beamte in Uniform. Vermummte Beamte des Sondereinsatzkommandos waren auf dem Dach der Schule und auf dem Nachbarhaus postiert. „Mobile Wache" stand auf einem Polizeibus, vor dem aufgeregte Lehrer diskutierten. Dann kam eine Durchsage:

„Achtung, Achtung, hier spricht die Polizei. Das Schulgelände des Grassberggymnasiums ist gesperrt. Zurzeit besteht eine Gefahrensituation in der Schule, die noch nicht beseitigt ist. Für die Schülerinnen und Schüler fällt der Unterricht heute aus."

„Was ist denn hier los?", fragte Rollo einen Polizisten neugierig.

72

„Seid ihr Schüler des Gymnasiums?" kam die Gegenfrage.

„Ja, sicher."

„Ihr könnt euch ab heute Mittag über das Schultelefon oder auf der Internetseite der Schule informieren", teilte ihm der Beamte mit. „Dort steht auch, ob morgen Unterricht ist. Geht jetzt wieder nach Hause."

Joy war kreidebleich geworden. „Mir ist schlecht, ich muss mich mal setzen", meinte sie.

Rollo wurde stutzig. „Sind dir etwa die vielen Bullen auf den Magen geschlagen?"

Plötzlich heulte Joy los und rannte davon. Rollo lief ihr nach und hielt sie am Ärmel fest. „Nun warte doch mal. Was ist denn mit dir los? Ich krieg da was nicht mit!"

„Kannst du auch gar nicht", schluchzte Joy und gestand ihm die ganze Geschichte. „Ich wollte Manni doch nur einen Gefallen tun. Was soll ich denn jetzt machen?"

Rollo meinte: „Jetzt nur nicht die Nerven verlieren! Wir brauchen erst mal einen Rückzugsraum. Herta hat ja noch nicht offen um diese Zeit. Wir gehen am besten erst mal zum Karateclub. Da ist eine Bank, da können wir uns in Ruhe unterhalten und überlegen, was zu tun ist!"

Auf dem Weg dorthin erzählte Joy alle Einzelheiten der „großen Abschiedsparty", wie Manni sie genannt hatte. „Ich habe wirklich geglaubt, dass das so harmlos wie das Fuck-the-Teacher-Graffito ist. Ein bisschen die Lehrer ärgern und fertig." Rollo nahm Joy in den Arm und versuchte, sie so gut wie möglich zu trösten.

„Was macht ihr beiden denn hier, ist denn heute keine Schule?"
Das war der Sensei. Er kam gerade mit seinem Hund vom Waldlauf zurück.

Rollo sah überrascht auf. „Ja, äh ... wir haben ein Problem, Sensei.
Aber das ist nicht so einfach zu erklären."

„Dann lasst uns mal ins Dojo reingehen, dort ist es wärmer.
Außerdem braucht Sumo sein Fressen, dem knurrt schon der Magen."

Bei einem heißen Tee hörte sich Sensei Piet die Geschichte von Joy an, stellte die eine oder andere Zwischenfrage und war dann eine volle Minute still. Das war eine ziemlich lange Zeit, und Rollo glaubte schon, dass der Sensei jeden Augenblick zur Standpauke ansetzen würde. Doch wie immer, sagte der Sensei etwas, mit dem man nicht rechnete. „Gib mir doch mal das Schreiben

und die Bilder, die du von Manni bekommen hast. Ich muss telefonieren."
Dann verschwand er im Büro.

Nach fünf Minuten kam er zurück. Der Sensei nahm Joy in den Arm und erklärte ihr, dass gleich Kriminalhauptkommissar Ginsing kommen würde. „Ihm geben wir die Bilder und den Text. Er wird auch deine Angaben auf dem Kriminalkommissariat aufnehmen. Du verhinderst mit deiner Aussage möglicherweise noch mehr Unheil. Obwohl deine Beichte besser einen Tag früher gekommen wäre."

„Habe ich mich denn strafbar gemacht?", wollte Joy wissen. „Das kann dir der Kommissar besser beantworten. Aber es ist gut, dass du mithilfst, die Sache aufzuklären. Eines allerdings hast du nicht richtig gemacht, Joy. Loyalität musst du zukünftig anders definieren. Wenn die Gefahr besteht, dass Menschen zu Schaden kommen, solltest du zu jedem, der so etwas von dir verlangt – egal ob Freund oder nicht –, deutlich ‚nein' sagen. Ein echter Freund akzeptiert auch mal ein Nein. Keine echte Freundschaft darf so weit gehen, dass solche Dienste von dir verlangt werden. In deinem Karate-Selbstverteidigungskurs habt ihr doch auch schon Übungen zur Selbstbehauptung trainiert. Dort wird sicheres Auftreten und Neinsagen gegenüber aufdringlichen Männern eingesetzt. Du kannst diese Übung aber auch auf deinen Alltag übertragen. Zur Selbstbehauptung gehört auch eine realistische Selbsteinschätzung: also sich und seine Stärken und Schwächen zu kennen und damit umzugehen. Du kannst hervorragend mit Computern umgehen. Das ist eine deiner Stärken. Einem Freund aber einen Gefallen abzuschlagen, fällt dir schwer. Das scheint also eine Schwäche von dir zu sein. Fehler in der Selbsteinschätzung kosteten die Samurai früher leicht das Leben im Kampf gegen den Gegner. Heute können wir uns unter Umständen einen großzügigeren Umgang mit unseren Schwächen leisten. Ich übertrage trotzdem gern die Grundsätze der Kampfkünste in die heutige Welt. In unserem Alltag ist es nicht der Kampf um Leben und Tod, sondern es sind unsere Gedanken und Entscheidungen, die unser Leben verändern. Aber Fehler führen auch hier zu weit reichenden Konsequenzen. Ich bin zuversichtlich, dass wir bei dir den ‚Trainingsrückstand' noch aufholen werden, was diese Dinge betrifft."
Der Sensei lächelte Joy aufmunternd an.

Da hielt vor dem Dojo ein dunkler BMW; zwei Männer stiegen aus.
Der Sensei begrüßte die Kripobeamten und sprach kurz mit ihnen.
Rollo und Joy schien es so, als würden sich die Männer gut kennen.
Nun kamen alle drei zu den beiden herüber.

„Du bist Joy, die ‚Computerlady', nehme ich an?", fragte der eine.
„Danke, dass du uns helfen willst. Dein Freund kann ruhig mitfahren, vielleicht kann er uns ja noch die eine oder andere Frage beantworten."

Rollo stotterte verdattert: „Äh, was kann ich denn schon sagen?"

„Ach bitte, komm mit", flehte Joy ihn an. Ein Nicken des Sensei ermutigte Rollo dann doch dazu, Joy zur Seite zu stehen. Im Kripowagen klingelte Rollos Handy. Es war seine Mutter. „Junge, wo bist du denn? Ich habe in den Nachrichten das mit eurer Schule gehört."

„Alles okay, Mama, ich bin am Dojo. „Wir haben heute schulfrei.
Ich erzähl dir heute Abend alles."

„Gott sei Dank. Ja, dann bis später, mein Schatz."

Das Sondereinsatzkommando hatte die Villa in Essen-Bredeney in Sekunden-schnelle gestürmt. Haushälterin Maria war dem Herzinfarkt nahe. Sie glaubte schon an einen Überfall und ließ sich nur schwer davon überzeugen, dass es wirklich die Polizei war.

Mannis Bruder Carlos war noch nie so unsanft aus dem Bett geholt worden. Ver-mummte Männer mit Pistolen standen plötzlich in seinem Zimmer und forderten ihn auf, sich auf den Boden zu legen und die Hände im Nacken zu verschränken. Dann klickten die Handschellen. Das kannte Carlos bisher nur aus dem Fernsehen.

Kripobeamte durchsuchten das gesamte Haus, Keller, Garagen und Garten. Ausgerechnet gestern hatte Carlos noch ein halbes Kilo Shit aus Holland mitge-bracht. „Wenn die das in meinem Auto finden, bin ich geliefert!", dachte er noch, als die Beamten die zahlreichen Reste seines Haschischkonsums in seinem Zimmer sicherstellten. Carlos wurde vorläufig festgenommen und musste mit aufs Präsidium. Unten vor der Tür wollte ein weiterer Kriminalbeamter wissen, ob ihm auch der Golf und das Rauschgift darin gehören würden. Also doch …

„Ich will unseren Rechtsanwalt Dr. Schröder sprechen", stotterte Carlos.
Dann wurde er weggefahren.

Natürlich fand das Einsatzkommando auch die Jagdwaffen, die auf dem Internet-foto zu sehen gewesen waren; sie wurden ebenfalls sichergestellt. Und nachdem man in Mannis Zimmer auf zwei Handgranaten gestoßen war, ging auch sein Laptop mit auf die Reise zur Polizei. Haushälterin Maria weinte fürchterlich, als man ihr die Quittung mit den sichergestellten Gegenständen übergab. Sie verstand gar nichts. Der Einsatzleiter trug ihr auf, Manni und seine Eltern zum Präsidium zu bitten. Dann war der Polizeieinsatz beendet.

An der Schule hatten sich gegen Mittag die Wogen ein wenig geglättet. Hauptkommissar Ginsing unterrichtete die Lehrerschaft über den Stand der Ermittlungen und wies darauf hin, dass die Waffen und die Handgranaten wohl echt gewesen seien. Ob die Drohung auch ernst gemeint gewesen sei, könne man erst nach der Festnahme und Vernehmung des Täters Manfred von Helmes sagen. Der Direktor hatte alle Hände voll zu tun, um Anfragen von Presse, besorgten Eltern, Ämtern und Ministerien zu beantworten.

Aber wo war Manni?

Manni saß schon seit geraumer Zeit bei Herta und verspeiste genüsslich eine doppelte Portion Pommes, als Kazim und Mike hereinkamen.

„Na, wie fandet ihr meine Abschieds-party heute?"

„Du warst das also!", sagte Kazim. „Das Ding war diesmal aber wohl eine Nummer zu groß! Im Radio wird ständig darüber berichtet."

„He Herta, ich habe den Kids heute schulfrei verschafft. Ich bin doch der Größte, oder?"

„Von wegen der Größte, du bist ein Riesenarschloch!", schimpfte Herta. „Sag mir mal die Stelle, an der man lachen kann."

Und auch Mike schüttelte den Kopf: „Was hast du da nur angerichtet, Manni."

Vor Hertas Imbiss hielt ein Auto; Mikes Vater stieg aus. „Ich mache mir Riesensorgen um dich. Deine Mutter hat mich angerufen und von der Amok-warnung erzählt. Ich hab mir dann schon gedacht, dass du hier bist. Warum gehst du nicht an dein Handy?"

„Der Akku ist leer", sagte Mike schuldbewusst. Manni fühlte sich plötzlich äußerst unwohl bei dieser Unterhaltung. Kazim blickte auf den Boden und sagte nichts.

„Das Beste wird sein, Sie packen die drei ins Auto und nehmen sie mit. Da gibt es wohl einiges zu klären", meinte Herta.

Mikes Vater spürte, dass etwas nicht stimmte, und so sagte er: „Ja, was haltet ihr von einer Runde Tee bei uns? Dann sprechen wir über alles, was euch drückt."

Erstaunlicherweise ging auch Manni sofort darauf ein. Mikes Mutter war glücklich, dass sie ihren Sohn gesund wieder hatte. Die Nachrichten vom Amokalarm an der Schule hatten ihr große Angst gemacht. Da realisierte Manni endlich, was er mit seiner „Abschiedsparty" angerichtet hatte. Ihm wurde speiübel. „Ich wollte doch nur diesen dämlichen Paukern ordentlich Angst machen! Ich hätte doch nie auf jemanden geschossen oder so einen Schwachsinn gemacht! Ich hab mir halt gedacht: Wenn man mich schon nicht gern hat, dann sollte man mich halt wenigstens hassen. Ist ja schließlich auch ein intensives Gefühl, hab ich bei mir gedacht!"

Mikes Vater verstand es, Manni zuzuhören. Man merkte, dass er als Psychologe und Kommunikationswissenschaftler täglich mit solchen Situationen umgehen musste. Und Manni erzählte: von seinem Wunsch, auch mal Eltern zu haben, die ihn in den Arm nahmen und Zeit für ihn hatten; davon, dass er immer diese „Nullbockstimmung" hatte, obwohl er doch materiell alles hatte; von der fehlenden Anerkennung, die er sich dann eben auf anderem Wege holen wollte; von der Clique, die seine eigentliche Familie geworden war ...

Manni erzählte und erzählte und erzählte. Es war ja schließlich auch das erste Mal, dass ihm ein Erwachsener wirklich zuhörte.

jetzt hört der Spaß aber auf

78

Fritten-Hertas Kommentar

Was ich am meisten hasse, sind Montage. Ich mag keine Montage. Aber deshalb lege ich doch nicht gleich meine Kunden oder Lieferanten um.

In dem Oldie „I don't like Mondays" von den Boomtown Rats aus dem Jahr 1979 geht es genau darum: um einen Amoklauf, weil Montag ist. Der Amoklauf hat sogar ganz real stattgefunden: Damals hatte die 16-jährige Brenda Ann Spencer an einer Schule zwei Erwachsene erschossen sowie acht Schüler und einen Polizisten verwundet. Und als man sie fragte, warum sie das getan habe, lautete ihre lapidare Antwort: „Weil ich Montage nicht mag."

Es stimmt schon: Montags braucht man keine besonderen Gründe, um frustriert zu sein. Da reicht es schon, wenn der Sonntag nicht ausgefüllt war, wenn die freie Zeit die in sie gesetzten Erwartungen nicht erfüllt hat. Deshalb gibt es an den Schulen montags mehr Vandalismus und Schlägereien als an anderen Tagen, deshalb sind die Montagsmuffel weit verbreitet.

Gott sei Dank ist heute kein Montag. Auf ein Pommesmassaker hätte ich keine Lust. Nein, ganz im Ernst, letzten Montag habe ich mich mit meinem Psychofritzen unterhalten; der ist eigentlich jeden Montag hier und hat komischerweise immer gute Laune, sogar an Montagen. Jedenfalls hat er mir erklärt, dass das Wort „Amok" aus dem Malaiischen kommt; dort bedeutet es so viel wie „in blinder Wut angreifen und töten". Wo soll das nur hinführen? Wir haben früher immer nur hitzefrei bekommen. Und heute drohen die Schüler an den Schulen mit einem Blutbad, um amokfrei zu bekommen. Wie krank ist das eigentlich? Ich mag ja ein wenig altmodisch klingen, aber ich glaube ganz fest an Folgendes: Junge Menschen brauchen jemanden, der ihnen zuhört und sie und ihre Probleme ernst nimmt. Dann kommen sie auch auf keine dummen Gedanken und bauen weniger Mist bauen. Ja. So sehe ich das eben.

Trainings- und Erziehungshilfen

Rollenspiele und Praxistipps

Vorbeugung durch Selbstverteidigung

Trainings- und Erziehungshilfen: Rollenspiele und Praxistipps

Fritten-Hertas Denkanstöße

Wenn ihr wollt, könnt ihr die Geschichten zur Gewaltprävention als Lern- und Arbeits-
hilfen benutzen. Ihr könnt die Geschichten besprechen, die einzelnen Charaktere der
Cliquen-Gefährten Joy, Manni, Rollo, Kazim und Mike beschreiben, ihre Schwächen
und Stärken erklären, ihr könnt Fritten-Hertas Kommentare auseinander nehmen.
Ihr könnt euch eigene Gedanken machen und kreative Mittel zur Gewaltvorbeugung
entwickeln. Macht aus Problemen Lösungen!

Die nachfolgenden Trainings- und Erziehungshilfen (Rollenspiele, Praxistipps und Denkanstöße) finden sich zum Herunterladen als Portable Document Format (pdf) auf der Website
www.curry-clique.de. Sie sollen als Tipps und Denkanstöße für die Entwicklung eigener
Projekte, Schulungen und Trainings dienen. Sie wollen darüber hinaus

- **Werte vermitteln,**

- **Vorbilder schaffen,**

- **Wissen über den Körper vermitteln (Körperarbeit/Körperbildung),**

- **Management der Gefühle lehren,**

- **soziales Lernen ermöglichen.**

Die Rollenspiele und Übungen zur Vorbeugung von Gewalt konzentrieren sich auf drei Bereiche:

1. **Vorbeugung von schulischer Gewalt:**
   Normverletzungen vermeiden, Wertevermittlung und soziales Lernen,

2. **Einübung von Toleranz und Konfliktfähigkeit,**

3. **Entwicklung von „Frühwarnsystemen" in Kindergarten und Grundschule.**

Fritten-Hertas „Denkzettel"

Ich kannte mal einen kleinen Jungen in England, der seinen Vater fragte:
„Wissen Väter immer mehr als Söhne?"
Der Vater sagte: „Ja."
Die nächste Frage war: „Papi, wer hat die Dampfmaschine erfunden?"
Der Vater sagte: „James Watt."
Darauf der Sohn: „Aber warum hat sie dann nicht James Watts Vater erfunden?"

Die fünf Bausteine der Gewaltvorbeugung

Intuition:
Erfahrungswissen und Frühwarnsysteme für bedrohliche Situationen.
Kinder und Jugendliche lernen, ihrer Intuition zu vertrauen, und trainieren
ihr Frühwarnsystem für bedrohliche Situationen.

Kommunikation:
Der gezielte Einsatz von Psychologie, Körpersprache und
kommunikativen Mitteln eröffnet die Möglichkeit, Streit zu vermeiden.

Selbstbewusstsein:
Durch Selbstbehauptung und ein gesteigertes Selbstbewusstsein verlassen die
Kinder und Jugendlichen die mögliche Opferrolle. Sie erlangen mehr Sicherheit
und Durchsetzungsvermögen.

Selbstverteidigung:
Karate. Dort lernt man z. B. effektive und notwehrgerechte Verteidigung.
Durch die Gewissheit: „Ich kann mich verteidigen!" erleben die Kinder und
Jugendlichen im Schulalltag und im Privaten mehr persönliche Freiheit,
und das Gefühl der Hilflosigkeit und schutzlosen Preisgabe der eigenen
Persönlichkeit tritt in den Hintergrund.

Zivilcourage:
Wer sich selbst verteidigen und behaupten kann, hat auch das Selbstbewusstsein
und den Mut, anderen zu helfen. Wer nur zuschaut, hilft dem, der zuhaut!

Weitere Themenschwerpunkte und Ziele der Übungen:

- Resilienz (innere Widerstandsfähigkeit)[2] und schützende Faktoren;

- Empathiefähigkeit: die Fähigkeit, Gefühle bei sich und anderen wahrzunehmen, sie zu benennen und der Situation entsprechend angemessen auszudrücken;

- Fähigkeit zur Selbstkontrolle: Selbststeuerungsfähigkeit und Selbstmanagement;

- Stress- und Affektmanagement (und auch Zeitmanagement);

- soziale Fertigkeiten in der Wahrnehmung und Handhabung von Konflikten (Konfliktmanagement);

- schulisches Lernen: Lernen lernen und Gedächtnistraining;

- Intelligenzentwicklung;

- Wissensvermittlung;

- Selbstvertrauen und Selbstsicherheit (auch Selbstverteidigung);

- emotionales Bindungsverhalten zu den Eltern und auch zu normkonformen Bezugspersonen innerhalb und außerhalb der Familie;

- Sicherung von sozialer Anerkennung und Vertrauen;

- Selbstwirksamkeit und Teilhabemöglichkeiten in der Gesellschaft.

---

[2] Siehe S. 8.

Werte vermitteln

Bei der Vermittlung von Werten an Kinder und Jugendliche sollten den Lehrenden die Begriffe Ethik und Moral geläufig sein. Die Kampfkunst Karate z. B. kann aufgrund ihres geschichtlichen Hintergrundes auf die Handlungsweise des Menschen pädagogisch einwirken. So sind Treue, Tapferkeit, Selbstbeherrschung, Mut und Respekt traditionelle Werte der alten Samurai. Hier lässt sich fließend anknüpfen an den Schulalltag und die Freizeit.

Ethik:
Sie ist immer geleitet von der Frage „Was ist das Gute?". Die Lehrenden tragen Mitverantwortung an der Persönlichkeitsbildung des Schülers. Ihre Aufmerksamkeit sollte den festgeschriebenen Werten gelten. Die erwähnten Samuraiwerte sollen als pädagogisches Hilfsmittel im Unterricht dienen.

Moral:
Moral ist durch die Anwendung ethischer Reflexion geprägt. Moral ist in einer Gesellschaft starken Schwankungen unterlegen. Sie ist abhängig von der Kultur und wird entscheidend von den jeweils praktizierten Religionen beeinflusst. Sie befindet sich im ständigen Wandel. Moral ist eine Funktion der Zeit.

Wertevermittlung ist für Kinder und Jugendliche sozial notwendig. Nur eine Gesellschaft, in der diese „freiwilligen Regeln" von möglichst vielen Menschen befolgt werden, ist als „gesund" zu bezeichnen. Lehrende sollten diesbezügliche Signale möglichst oft setzen.

Im Zusammenhang mit Ethik und Moral stellen sich jedem Einzelnen folgende Fragen:

- **Wer war mein Vorbild (Familie, Schule, Beruf)?**

- **Wer hat mich geprägt?**

- **Wen präge ich jetzt?**

Werte bedürfen immer einer inneren Verpflichtung/Haltung und eines äußeren Zeichens. Lehrende und Bezugspersonen für Kinder und Jugendliche sollten sich darüber im Klaren sein, dass sie allein dank ihrer Rolle schon Vorbilder sind. Das, was sie sagen, und ihr Handeln wird genau beobachtet. Kinder und Jugendliche wollen oft genauso sein wie ihre Vorbilder und auch so handeln. Das bedeutet eine große Verantwortung für die Lehrenden.

Wichtige Werte sind beispielsweise:

- Ehrlichkeit
- Bescheidenheit
- Ernsthaftigkeit
- Freundschaft
- Vertrauen
- Höflichkeit
- Respekt
- Selbstbeherrschung
- Wertschätzung
- Dankbarkeit
- Verantwortungsbewusstsein
- Friedfertigkeit
- Zuverlässigkeit/Treue
- Geborgenheit
- Gerechtigkeit

- Leistungsbereitschaft
- Pflichtbewusstsein
- Mitgefühl/Empathie
- Umweltschutz
- Geld/Besitz
- gute Manieren
- Toleranz
- Durchsetzungsfähigkeit
- Glaube
- Ordnung
- Risikobereitschaft
- Tierliebe
- Spielen
- Geduld

Fritten-Hertas bewährte Werte

**Didaktische, pädagogische und verhaltenstherapeutische Impulse:
Werte vermitteln**

> Ich sage ja, dass es sowieso keinen Sinn macht, Kinder zu erziehen. Man erzieht, erzieht und erzieht, und am Ende machen sie einem doch alles nach. Die Kinder schauen sich bei uns Erwachsenen ab, wie wir uns verhalten und wie wir handeln. Da ist es ganz besonders wichtig, dass man sich fair verhält und auf die Spielregeln achtet, die es uns ermöglichen, friedvoll in der Gemeinschaft mit anderen Menschen zusammenzuleben. Aber was ist eigentlich wirklich wichtig? Und welche Werte sollten die Kinder besonders von uns Erwachsenen lernen? Du findest hier meine Vorschläge …

Nimm dir bitte ein großes Blatt und einen Stift und vervollständige zum jeweiligen Wert die angefangenen Sätze. Mach das nach und nach mit allen Werten aus der Liste auf der vorhergehenden Seite.

Beispiel:

Ehrlichkeit ist …

Ich bin *ehrlich*, weil …

In der Schule/Freizeit ist *Ehrlichkeit* wichtig, weil …

Dein Symbol/Bild für *Ehrlichkeit* …

Besprich anschließend mit den anderen deine Antworten und überlegt euch gemeinsam ein Bild oder Symbol, das für den jeweiligen Wert stehen könnte.

_____ ist:

_____

_____

_____

_____

_____

_____

Ich bin _____ , weil:

_____

_____

_____

_____

_____

_____

In der Schule/Freizeit ist _____ wichtig, weil:

_____

_____

_____

_____

_____

Dein Symbol/Bild für _____

Fritten-Hertas Vorbild

**Didaktische, pädagogische und verhaltenstherapeutische Impulse:
Vorbilder und Ressourcen nutzen**

Als ich noch keine eigene Bude hatte, habe ich immer von einer geträumt – von einer Pommesbude so schön wie die von der Marta. Die Marta hat ein Herz aus Gold, und sie war immer mein Vorbild. Ich wollte eine Bude, wie sie sie hatte, und ich wollte auch so sein wie sie. Immer guten Kontakt zur Kundschaft halten, ein offenes Ohr für alle haben. Aber da ich das gerade sage, fallen mir ein paar Fragen ein.

Wer war oder ist

- dein Vorbild in der Familie?

- dein Vorbild in der Schule?

- dein Vorbild im Freundeskreis/in der Freizeit?

- dein Vorbild im Beruf?

- dein bisher größtes Vorbild, das dich am meisten geprägt hat?

_____

_____

- Besprich deine Antworten mit deinen Freunden oder Mitschülern. Warum ist es überhaupt wichtig, Vorbilder zu haben?

_____

_____

_____

- Für wen bist du heute ein Vorbild?

_____

_____

Fritten-Hertas Traum von Hollywood

Didaktische, pädagogische und verhaltenstherapeutische Impulse:
Einsichtsvermögen stärken, Gestaltbildung, Strukturen schaffen

> Also, manchmal träume ich am helllichten Tag. Dann stelle ich mir vor, eines Tages würde hier bei mir an der Pommesbude Steven Spielberg auftauchen – ihr wisst schon, der aus Jurassic Park – und für seine Dinos eine Monsterportion Currywurst extralarge bestellen. Und während ich noch die Portion zusammenschichte, würde er mich fragen, ob er mein Leben hier an der Pommesbude verfilmen dürfe. Und wie denn der Titel dieses großen Kinofilms lauten solle? Aber da fällt mir etwas ein – machen wir's doch mal anders herum.

Stell dir vor, ich wäre so eine Art weiblicher Steven Spielberg. Ich komme also abends zu dir nach Hause, bringe eine leckere Currywurst mit und frage dich, wie dein Kinofilm heißen sollte, wenn dein Leben verfilmt würde. Am besten denkst du nicht lange nach, sondern schreibst es spontan auf.

Haupttitel

_____

Untertitel

_____

Unteruntertitel

_____

_____

Fritten-Hertas Casting-Show oder Eine Currywurst verändert mein Leben

Didaktische, pädagogische und verhaltenstherapeutische Impulse:
Ressourcen bewusst machen, Kommunikation, Interaktion, soziales Lernen, Gefühle wahrnehmen, Stärken-Schwächen-Analyse, Lösungsfantasien entwickeln, Resilienz

> Stell dir mal vor, ich würde hier in meiner Pommesbude eine Casting-Show veranstalten. Alle Frittenbudenbesitzer aus ganz Deutschland könnten sich bewerben, wer die beste Currywurst gegen Gewalt macht. Und du bekommst die Chance, für die Pommesbude von Marta ins Rennen zu gehen, weil sie nämlich an dem Tag krank ist. Du kommst in die engere Auswahl, bist unter den letzten Zehn. Fernsehen ist auch schon da. Und jetzt geht es um die Wurst. Deine Aufgabe in der Pommesbude ist es, den Kunden zu beraten, wie er sein Leben verändern kann. Viele leben ja so ein Leben im gemütlichen Elend und in stiller Verzweiflung. Verstehst du? Jeden Tag Erbsensuppe, aber keine Currywurst. Was für ein ödes Leben. Er wartet also ständig darauf, dass sich etwas in seinem Leben ändert, aber er selbst will nichts dazu beitragen. Aber dann, dann kommt der Tag, an dem sich sein ganzes Leben ändern wird. Du machst ihm eine Currywurst, dass er glaubt, er hätte eine übersinnliche Erscheinung. Du berätst ihn, sagst ihm, was er ändern soll. Dein Traum, mit Martas Pommesbude ins Fernsehen zu kommen, rückt in greifbare Nähe. Die Sendung heißt: Eine Currywurst verändert mein Leben.

Tu doch jetzt mal so, als würdest du hier bei mir an der Pommesbude stehen. Du genießt die Currywurst, und dabei stelle ich dir ein paar Fragen, die du ehrlich beantworten musst. Deine Clique ist die Jury. Ihr könnt ein Casting-Team bilden und auch einen Casting-Leiter wählen und euch abwechseln. Lass dir die Fragen vorlesen und schreib die Antworten auf. Besprich anschließend mit der Jury, ob du das Casting gewonnen hättest oder ob du vorher noch etwas ändern solltest.

Teil A

1. Was hast du dir als Letztes vorgenommen?
   Hast du den Vorsatz eingehalten?
   Wenn nein, warum nicht?

2. Wenn du vor einem großen Publikum einen Vortrag halten dürftest –
   über welches Thema würdest du gern sprechen?

3. Welches Sprichwort fällt dir spontan ein?

4. Wie sieht dein typischer Sonntagmorgen aus?

5. Was hältst du von Aberglauben?

6. Wer oder was ist für dich „echt unwiderstehlich"?

7. Beschreib deine Wirkung auf Lehrer und Lehrerinnen.

8. Beschreib deine Wirkung auf deine Eltern.

9. Beschreib deine Wirkung auf deine Geschwister.

10. Beschreib deine Wirkung auf deine Clique.

Teil B

1. Was zeichnet dich persönlich aus?

2. Wo liegen deine Stärken?

3. Was sind deine Schwächen und wie gehst du mit ihnen um?

4. Was war dein persönlich größtes Erfolgserlebnis?

5. Wie gehst du mit Misserfolgen um?

6. Wie gehst du mit Enttäuschungen um?

7. Wovor hast du Angst und wie gehst du damit um?

8. Wie lautet dein Lebensmotto?

9. Was war das Schönste, das du bislang erlebt hast?

10. Was war das Schlimmste, das du bislang erlebt hast?

Teil C

1. Gibt es Situationen, in denen dir selbst Freunde auf die Nerven gehen?

2. Bist du eher Pessimist oder Optimist?

3. Wie stehst du zu fremden Menschen, die du nicht begeistern kannst?

4. Findest du dich sexy/erotisch?

5. Was schätzen Freunde an dir?

6. Hast du eine Entscheidung im Leben jemals bereut? Welche?

7. Kannst du auch mal gar nichts tun?

8. Was hat dich zu dem Menschen gemacht, der du heute bist?

9. Welche Lebensplanung könntest du dir für dich vorstellen?

10. Wie denkst du über Zufälle im Leben?

Teil D

1. In welchen Situationen bist du lebendig und wach?

2. Wann/womit hattest du den bisher meisten Spaß in deinem Leben?

3. Wann magst du dich selbst am liebsten?

4. Was interessiert dich wirklich?

5. Was ist gut an deiner augenblicklichen Situation?

6. Wie motivierst du dich selbst, wenn du einen schlechten Tag hast?

7. Wie hat sich dein Leben durch die Schule verändert?

8. Glaubst du an Schicksal?

9. Was kannst du gar nicht leiden? Bitte nenne drei Dinge.

Teil E

1. Suchen Freunde und Bekannte gern bei dir Rat?

2. Sagst du vorsichtig oder sehr direkt, was du denkst?

3. Du bist im Urlaub und wirst auf der Rückreise im Reisebus vom Hochwasser überrascht. Das Gepäck ist vom Wasser bedroht. Ergreifst du die Initiative oder wartest du darauf, dass jemand anders dich auffordert, beim Umladen des Gepäcks behilflich zu sein? Wie hilfst du denjenigen, die Angst bekommen?

4. Ein Freund hat ein Problem – seine Freundin hat mit ihm Schluss gemacht. Wie würdest du ihm helfen?

5. Wie gehst du mit deinen Gefühlen um – kannst du darüber reden?

6. Wie gehst du mit Vorurteilen gegenüber anderen Menschen um?

7. Wie fühlt man sich, in der engeren Wahl für „Eine Currywurst verändert mein Leben" zu sein?

8. Warum bist du genau die richtige Person für dieses Format?

9. Was reizt dich an dem Format?

10. Welche Voraussetzungen muss man mitbringen, um sein Leben zu verändern?

11. Was kannst du gut/nicht so gut?

12. Was bedeutet für dich Glück?

Teil F

1. Was ist das Wertvollste, das du besitzt?

2. Was möchtest du gern noch einmal neu anfangen?

3. Was möchtest du mit dem Teil des Lebens anfangen, der vor dir liegt?

4. Was ist der beste Rat, den du je bekommen hast?

5. Welches Ziel hast du am leichtesten erreicht? Wie?

6. Was wärst du, wenn du ein Tier wärst? Oder eine Pflanze? Was sagt das über dich aus?

7. Was möchtest du an deinem 70. Geburtstag über dein Leben sagen können?

8. Was war deine beste Erfahrung in der Schule?

9. Wenn du Gott begegnen würdest, welche Frage würdest du ihm stellen?

10. Wofür bist du in deinem Leben dankbar?

Teil G

1. Was ist dir das Wichtigste an einer Freundschaft?

2. Wann hast du zum letzten Mal eine überraschend einfache Lösung gefunden?

3. Was ist die schwierigste Aufgabe, die du bisher gemeistert hast?

4. Was war die nützlichste Arbeit, die du je zu bewältigen hattest?

5. Worin möchtest du ernster genommen werden?

6. Was war die größte Summe Geld, die du je an einem Tag bekommen hast? Wofür?

7. Was können andere von dir bekommen?

8. Was ist das größte Lob, das du je erhalten hast?

9. In welchem Bereich bist du ein Künstler?

10. Was ist dein größter Herzenswunsch?

11. Wann und worüber hast du das letzte Mal so richtig von Herzen gelacht?

Fritten-Hertas Giraffensprache

Didaktische, pädagogische und verhaltenstherapeutische Impulse:
Kommunikation, aktives Zuhören, Paraphrasieren, Gefühle ausdrücken

Ich guck ja gern Fernsehen, wenn mal kein Kunde da ist. Hier im Imbiss habe ich so eine kleine Flimmerkiste. Tiersendungen haben's mir angetan. Einmal kam da, dass die Giraffe von allen Landsäugetieren das größte Herz hat. Kein Wunder, es muss ja auch das Blut bis ganz nach oben in den Kopf pumpen – bis zu 60 Liter in der Minute. Weil der Kopf der Giraffe so weit oben ist, muss sie einen super Überblick haben von da oben. Sie kann schon von weitem sehen, wenn die Hyänen kommen, und ihnen aus dem Weg gehen. Die Giraffe ist nämlich ein sehr friedfertiges Tier. Sie frisst nur Grünzeug, will nichts als ihre Ruhe und nimmt keinem anderen Tier was weg. Wir Menschen sind oft viel zu aggressiv und könnten einiges lernen von ihr. Wie das wohl wäre, wenn wir die friedfertige Sprache der Giraffe verstehen und selbst sprechen könnten? Mach dir doch mal ein paar Gedanken, wie du die gewaltfreie Kommunikation der Giraffen auch in dein Leben integrieren kannst.

Schreib auf, wie man jemandem etwas Unangenehmes sagen kann, ohne ihn zu kränken, denn du weißt ja: Was du nicht willst, dass man dir tu, das füg auch keinem anderen zu.

Beispiel:

Mensch: Immer musst du alles besser wissen und das letzte Wort haben!

Giraffe: *Ich bin enttäuscht, weil ich glaube, dass du mir nicht richtig zuhörst, und weil mir die Beziehung zu dir am Herzen liegt.*

Mensch: Du bist ganz schön faul und egoistisch. Hockst hier am Computer, während ich mich abrackere, um unser Gepäck im Auto zu verstauen!

Giraffe: _____

99

Mensch: Nehmen Sie Ihren verdammten Köter an die Leine!

Giraffe: _____

Mensch: Du solltest weniger fernsehen! Das ist so eine oberflächliche Art,

die Zeit totzuschlagen!

Giraffe: _____

Mensch: Das war total blöd von dir, dass du gestern nicht mehr gekommen bist!

Giraffe: _____

Fritten-Hertas Herzrasen. Kann man Gefühle hören?

**Didaktische, pädagogische und verhaltenstherapeutische Impulse:
Gefühle wahrnehmen, benennen und ausdrücken**

Mein Psychologenkunde erzählte mir neulich mal, wir hätten als Menschen sechs
Gefühle, nämlich Trauer, Wut, Freude, Ärger, Orgasmus und Staunen. Orgasmus
fand ich als Gefühl ja schon originell, aber Staunen? Die alten Griechen und Römer
in der Antike jedenfalls meinten, Staunen sei die Voraussetzung für die menschliche
Existenz und das Denken überhaupt. Ich habe ihn dann gefragt, ob man Gefühle
vielleicht auch hören kann. Und ich meine damit kein Lachen oder Weinen oder so.
Ich meine: Was ist, wenn jemand hier an meiner Currybude steht und seine Wurst
isst und nicht sagt, wie es ihm geht. Kann ich trotzdem seine Gefühle hören?
Vielleicht an der Art, wie er die Currywurst bestellt? Denn irgendwie ist ja immer ein
Gefühl da. Und ich würde ja schon gern wissen, wie es ihm gerade geht, damit ich
nichts Verkehrtes sage oder mal einen Spaß mache, den er in den falschen Hals
bekommt. Oder was ist, wenn ich mit meiner Pommesbude in einem Flüchtlingslager
in Palästina arbeiten würde? Oder sonstwo? Wie ist das da mit den Gefühlen?
Andere Länder, andere Gefühle?

Ich mache dir mal einen Vorschlag: Setz dich doch mal mit zwei Freunden zusammen. Der
eine erzählt dann etwas aus dem Urlaub oder von zuhause, und der andere wiederholt es mit
seinen eigenen Worten. Dabei versucht er herauszuhören, wie der andere etwas erzählt
(lustig, fröhlich, traurig, ärgerlich usw.) und nicht nur, was er erzählt. Der Dritte beobachtet,
hört zu und macht sich ein paar Notizen. Dann wird der Reihe nach durchgewechselt.
Danach könnt ihr eure Beobachtungen besprechen.

Fritten-Hertas Stimmungspantomime

Didaktische, pädagogische und verhaltenstherapeutische Impulse:
Management und Kommunikation der Gefühle

> Weißt du, was ich nicht verstehe? Japanisch. Ganz im Ernst. Ich hab' da so meine Probleme. Eigentlich auch mit den meisten anderen Sprachen. Und wenn ich darüber nachdenke, frage ich mich, wie man wohl einem Menschen gegenüber seine Gefühle ausdrücken könnte, ganz ohne zu sprechen. Ich meine: ohne Worte, einfach nur so durch den Gesichtsausdruck und die Körperhaltung und so. Es gibt da doch auch so ein Gesellschaftsspiel, das total witzig ist. Bei dem muss man eine Karte ziehen, auf der ein Begriff steht. Und den stellt man dann dar, ohne zu sprechen, nur durch Pantomime. Und die anderen müssen raten, was es ist. So etwas kann man doch auch mit Gefühlen ausprobieren, oder?

Wie fühlt man sich eigentlich, wenn man etwas bekommt, das man verdient hat, oder umgekehrt, wenn das, was man erwartet hat, nicht eintritt? Das können wir ja mal üben. Einer von euch stellt sich vor die Gruppe, z. B. im Klassenraum oder auch in der Sporthalle, und nennt eine Stimmung, die eintritt, wenn ein Bedürfnis erfüllt ist. Der Rest der Gruppe muss nun diese Stimmung nur über Körpersprache, Gesichtsausdruck und Bewegungen zum Ausdruck bringen und darf ansonsten nicht sprechen. Dann wird das Ganze mit Stimmungen wiederholt, die auftreten können, wenn Bedürfnisse nicht erfüllt werden.

Ich helfe euch mal ein bisschen und liste euch schon einige Stimmungen auf.

Stimmungen, die auftreten, wenn Bedürfnisse erfüllt sind		Stimmungen, die auftreten, wenn Bedürfnisse nicht erfüllt sind	
angeregt	hoffnungsvoll	bekümmert	nervös
bewegt	inspiriert	besorgt	traurig
dankbar	optimistisch	einsam	unbehaglich
energiegeladen	stolz	entmutigt	ungeduldig
erfreut	erstaunt	enttäuscht	verärgert
erfüllt	freudig	frustriert	verlegen
erleichtert	entspannt	gereizt	verwirrt
erstaunt	zuversichtlich	wütend	widerwillig
fasziniert	wertschätzend	hilflos	wütend
fröhlich		aggressiv	
gerührt		hoffnungslos	

Fritten-Hertas Selbstverteidigung mit Worten

Didaktische, pädagogische und verhaltenstherapeutische Impulse:
Kommunikation, Selbstbehauptung, Selbstsicherheit, Resilienz, Konfliktfähigkeit

> Ich bin eine Verfechterin des gesprochenen Wortes, und wenn mir mal ein Kunde
> blöd kommt, kriegt er was zu hören von mir. Ich sage immer: Das ist Selbstverteidi-
> gung mit Worten. Schlagfertigkeit eben. Das könnt ihr auch. Dazu müsst ihr immer
> machtvoll auftreten. Auch wenn ihr gar keine Macht habt (das weiß der andere ja
> nicht). Polizisten z. B. lernen das schon in der Grundausbildung. Das Wichtigste ist
> bombensicheres Auftreten trotz völliger Ahnungslosigkeit. Und das machen wir uns
> im Prinzip bei der Selbstverteidigung mit Worten zunutze. Baut euch einen inneren
> Schutzschild auf. Stärke schreckt ab!

Das kann man wunderbar üben. Setzt euch in einem Kreis zusammen; einer von euch muss
in die Mitte. Am besten stellt er sich hin. Dann hat er schon mal einen guten Stand, wie man
sagt, denn so kann man besser antworten. Die anderen lassen dann ein paar dumme Sprüche
vom Stapel, und derjenige in der Mitte versucht zu kontern. Wisst ihr, wie man am besten
kontert und auf blöde Sprüche reagiert? Mit Sprichwörtern oder mit Fragen. Probiert es
gleich mal aus. Ich gebe euch zum Aufwärmen noch ein paar gute Tipps:

- Mach dich nicht kleiner als du bist: Rücken gerade, Brust raus, Kopf hoch,
  Schultern breit. Bleib fest auf beiden Füßen stehen, sonst kommst du aus
  dem Gleichgewicht.

- Schau deinem Gegenüber ruhig in die Augen und halte Blickkontakt –
  vor allem, wenn es mulmig und unangenehm wird. Lach auf gar keinen Fall
  und setz auch kein Hab-mich-lieb-Lächeln auf, sondern sieh ihn ernst an.
  Zieh die Augenbrauen dabei herunter, sodass dir die Verachtung quasi aus
  den Augen springt.

- Lass den Provokateur zunächst ins Leere laufen. Antworte nicht mit Worten,
  sondern nur mit deiner Körpersprache. Niemand kann dir ein Gespräch
  aufzwingen, wenn du es nicht willst. Gegen Hartnäckigkeit hilft nur Hartnäckigkeit. Bleib hart!

- Atme immer tief und gleichmäßig: ein, aus, ein, aus.

- Halte Abstand, sodass der andere dich nicht treten, anfassen oder
  schlagen kann.

- Bleib cool und gelassen, lass dir deine innere Aufregung nicht anmerken.
  Je mehr du dich aufregst, desto mehr Spaß hat der andere, weil er dich ja
  provozieren will und du genauso reagierst wie er es will.

- Sag dir immer: Du kannst siegen, ohne zu kämpfen.

- Sprich laut und mit fester Stimme.

- Bleib wortkarg und antworte zweisilbig, wenn es sein muss:
  „Ach was! Potz Blitz! Aha! Oje! Soso! Sag bloß!", oder ähnlich Belangloses.
  Geh nicht auf die Provokation ein, lass dich nicht auf Diskussionen ein.

- Wenn der andere nicht lockerlässt, sag kurz und knapp, klipp und klar,
  was du willst, z. B.: „Lass mich in Ruhe! Geh mir aus dem Weg! Hör auf!"

- Bleib unberechenbar, verwirre dein Gegenüber und antworte mit einem völlig
  unpassenden oder sinnfreien Sprichwort, z. B.: „Wie meine Oma schon sagte:
  Je höher der Kirchturm, desto tiefer das Wasser." Dazu kannst du z. B. auch
  zwei Sprichwörter in der Mitte halbieren und dann neu zusammensetzen.
  Versuch es mal!

Fritten-Hertas Körperübungen für starke Kinder und Jugendliche

Didaktische, pädagogische und verhaltenstherapeutische Impulse:
Anti-Opfer-Signale, Selbstverteidigung, Resilienz, Selbstsicherheit, Selbstbehauptung,
einen Standpunkt einnehmen und vertreten, Körperbildung

> Ich finde Rollenspiele ja viel besser als mahnende Worte der Eltern. Die haben die
> Kinder doch schon vergessen, wenn sie die Haustür hinter sich zugezogen haben.
> Besser ist es, über den Körper zu lernen, denn was der einmal gelernt hat, vergisst er
> nie wieder. Ihr solltet vor allem lernen, Anti-Opfer-Signale auszusenden.

1. Anti-Opfer-Signale aussenden:

Wie ist deine Körperhaltung? Stell dich vor den Spiegel und denk: „Ich bin stark.
Ich bin schwach." Such nun die passende Körperhaltung dazu. Welche Körperhaltung
würde dich als Gegenüber mehr überzeugen? Mach dich groß, halte den Rücken gerade,
den Kopf hoch, die Schultern nach unten.

2. Sicherer Stand:

Stellt euch zu zweit voreinander. Die Füße sind parallel und die Beine schulterbreit
geöffnet.

Erster Teil: Partner 1 stößt Partner 2 mit beiden Händen in Schultergelenkhöhe nach
hinten. Partner 2 setzt ein Bein gestreckt nach hinten ab, um das Gleichgewicht zu halten.
Das vordere Bein wird automatische im Kniegelenk leicht gebeugt. Die Füße bleiben
schulterbreit auseinander. Wichtig: Die Füße stehen nicht hintereinander auf einer Linie.

Zweiter Teil: Partner 1 steht hinter Partner 2 und stößt mit beiden Händen gegen dessen
Rücken; Partner 2 setzt ein Bein gebeugt nach vorn ab, gelangt damit in sicheren Stand
und kann die Balance wieder halten.

Merke: Körperliches Gleichgewicht ist eine Vorbedingung für seelisches Gleichgewicht.

3. Blickkontakt halten:

Stellt euch alle in einer Reihe auf. Der Erste geht nun an der Reihe entlang und
hält mit jedem Einzelnen für einige Sekunden Blickkontakt. Merke: Blickkontakt
drückt Selbstbewusstsein aus.

4. Laut sein:

Traut euch, laut zu werden. Stellt euch zu zweit gegenüber auf und schreit euch abwechselnd an: „Hau ab! Geh weg! Lass mich in Ruhe!" Merke: Wer laut ist, demonstriert Stärke.

5. Nein sagen:

Stellt euch zu zweit gegenüber auf. Der Erste versucht, den Zweiten zu etwas zu überreden, was er nicht will, und der muss sich mit Worten zur Wehr setzen: „Komm doch mit! Ich will dir was zeigen. Mach doch mit. Tu das für mich …" – „Nein! Ich will nicht mitkommen. Nein! Ich will das nicht sehen. Nein! Ich will das nicht tun …"

Merke: Übung macht den Meister.

 Weitere Übungen findest du auf unserer Internetseite www.curry-clique.de

Fritten-Hertas 5000 Euro-Frage

Didaktische, pädagogische und verhaltenstherapeutische Impulse:
Werte bewusst machen

> Ich erlebe ja viel in meiner Bude, das kann ich euch sagen. Unter meinen Kunden sind
> ganz arme Schlucker, aber auch ein paar reiche Schnösel. Witzigerweise feilschen
> gerade die betuchten Zeitgenossen um jeden Cent und wollen noch eine Extraportion
> Mayonnaise geschenkt. Die anderen, die, die weniger haben, zahlen anstandslos.
> Jaja, das liebe Geld lässt eben keinen von uns kalt. Und irgendwie ist jeder von uns
> käuflich. Oder nicht?

Wenn du mal auf die Schnelle herausfinden willst, was einem anderen Menschen wichtig ist,
dann stell ihm doch einfach folgende Preisfrage: „Wenn ich dir 5000 Euro in bar auf die Hand
geben würde, was würdest du damit anfangen?"

Fang am besten gleich mit dir selbst an und beantworte dir diese Frage.
Schreib hier auf, was du mit 5000 Euro machen würdest:

Fritten-Hertas Erfolgsliste

Didaktische, pädagogische und verhaltenstherapeutische Impulse:
Ressourcen nutzen, Stärken stärken, Resilienz fördern

> Erfolge sind das Salz in der Suppe – oder der Curry auf der Wurst. Ohne Erfolge
> hätten wir gar keine Motivation, uns zu bemühen und anzustrengen. Schließlich
> will man ja wissen, was unter dem Strich für einen herausspringt. Im Grunde ist das
> wie bei der Hundeerziehung: Der Hund macht ja auch lieber Platz, wenn ihm dafür
> ein Leckerli winkt. Das zu bekommen und gelobt zu werden, ist für ihn Erfolg.
> Und was ist es für dich?

Erfolge müssen keine Abzeichen und Urkunden, wie Seepferdchen oder Führerschein sein.
Denk doch mal über deine Erfolge nach.

Teil 1

Schreib sie auf und darunter jeweils drei Argumente, warum dieser Erfolg für dich ein Erfolg
war. Also los: Auf welche Leistungen in deinem Leben bist du besonders stolz?

Mein Erfolg: _____

1. Argument: _____

2. Argument: _____

3. Argument: _____

Mein Erfolg: _____

1. Argument: _____

2. Argument: _____

3. Argument: _____

Mein Erfolg: _____

1. Argument: _____

2. Argument: _____

3. Argument: _____

Mein Erfolg: _____

1. Argument: _____

2. Argument: _____

3. Argument: _____

Mein Erfolg: _____

1. Argument: _____

2. Argument: _____

3. Argument: _____

Teil 2

Nun überleg dir, was alle diese Erfolge gemeinsam haben:

Ich bin immer dann erfolgreich, wenn ich _____

_____

_____

_____

Mein persönliches Erfolgsrezept lautet: _____

_____

_____

_____

Ich werde auch in Zukunft Erfolg haben, wenn ich _____

_____

_____

_____

Fritten-Hertas Körpersprache

Didaktische, pädagogische und verhaltenstherapeutische Impulse:
Körper- und Selbstwahrnehmung, Gefühle, Bewusstseinsbildung

> Manche Leute, die zu mir in die Bude kommen, brauchen gar nicht den Mund aufzu-
> machen. Denen sehe ich schon am Gesichtsausdruck und an der Körperhaltung an,
> was sie für Miesepeter sind. Viele haben dann auch wie ein Anti-Smiley die Mund-
> winkel nach unten gezogen. Das sind die völlig ungenießbaren Exemplare.

Stell dir mal vor, dass dein Körper sprechen könnte, Genauso wie ein Mensch. Hör mal ganz
tief in dich hinein. Wenn dein Körper jetzt sprechen könnte, so richtig laut, was würde er jetzt
sagen?

Wenn mein Körper jetzt laut sprechen könnte, würde er sagen:

_____

_____

_____

Und nun schreib als Antwort das auf, was dein Körper gerade gesagt hat, einen Brief an ein
Organ oder einen Körperteil von dir. Stell dir dabei vor, dass dieses Körperteil dein bester
Freund wäre.

_____

_____

_____

Tausch dich mit den anderen darüber aus, an welche Organe und Körperteile ihr geschrieben
habt. Welches Organ oder welches Körperteil wurde am häufigsten genannt? Welches bzw.
welcher am seltensten? Lest euch dann nacheinander eure Briefe vor und formuliert daraus
Ziele, Erwartungen, Hoffnungen, Wünsche, Ängste oder Sorgen für eure Zukunft.

Fritten-Hertas Meditation

Didaktische, pädagogische und verhaltenstherapeutische Impulse:
Achtsamkeit, bewusstes Sein, Konzentration, Selbstwahrnehmung

> Also, wenn ich mal so einen richtig anstrengenden Tag hatte, dann meditiere ich ein bisschen. Das müsst ihr euch so vorstellen. Da jagt in meinem Kopf ein Gedanke den anderen, so wie eine Art Kopfkino oder wie Wolken, die am Himmel vorbeiziehen. Die negativen Gedanken lasse ich einfach ziehen wie die Wolken und bleibe bei einem schönen Bild, das mir gut gefällt, z. B. das von meinem einsamen Lieblings-strand auf Mallorca.
>
> Ich sage immer: Meditieren ist besser, als herumzusitzen und nichts zu tun!

Lies bitte die folgenden Zeilen; sie entstammen dem Kulturkreis des Zen-Buddhismus. Kannst du dazu auch Bespiele aus deinem Leben nennen? Beispiele aus deinem Freundes-kreis, Familie, Schule? Welche Lehre ziehst du daraus?

Alles zu seiner Zeit

Ein in Meditation erfahrener Mann wurde einmal gefragt, warum er trotz seiner vielen Beschäftigungen immer so gesammelt sein könne.

Er sagte: „Wenn ich stehe, dann stehe ich. Wenn ich gehe, dann gehe ich. Wenn ich sitze, dann sitze ich. Wenn ich esse, dann esse ich. Wenn ich spreche, dann spreche ich."

Da fielen ihm die Fragesteller ins Wort und sagten: „Das tun wir auch, aber was machst du darüber hinaus?"

Er sagte wiederum: „Wenn ich stehe, dann stehe ich. Wenn ich gehe, dann gehe ich. Wenn ich sitze, dann sitze ich. Wenn ich esse, dann esse ich. Wenn ich spreche, dann spreche ich."

Wieder sagten die Leute: „Das tun wir doch auch."

Er aber sagte zu ihnen: „Nein, wenn ihr sitzt, dann steht ihr schon. Wenn ihr steht, dann lauft ihr schon. Wenn ihr lauft, dann seid ihr schon am Ziel."

Fritten-Hertas Ich-Botschaft

Didaktische, pädagogische und verhaltenstherapeutische Impulse:
Kommunikation, Konfliktfähigkeit, Ich-Stärkung, Gefühle

> Manchmal bekomme ich an meiner Pommesbude auch mit, wie sich Paare oder Freunde streiten. Der eine sagt: „Du verstehst mich einfach nicht." Und der andere sagt: „Aber das und das habe ich doch gar nicht gesagt!" Und dann streiten sie sich immer heftiger, weil einer den anderen verletzt. Aber meistens wollen sie das gar nicht wirklich, glaube ich, sie reden nur aneinander vorbei, und die Missverständnisse werden größer und größer. Anstatt zu sagen, wie sie sich selbst fühlen und was sie sich vom anderen wünschen, sagen sie immer nur „Du, du, du". Besser wäre es aber doch, wenn ich dem anderen sagen würde, was das Ganze mit mir zu tun hat. Dann verletze ich ihn nicht und werde trotzdem los, was mich stört.

Du-Botschaften können provozieren, Ärger und Trotz sowie Streit auslösen: „Du nervst mit deinem Gelaber."

Ich-Botschaften bewerten nicht das Verhalten des anderen, sondern beschreiben Wahrnehmungen, Gefühle und Wünsche des Sprechers, die der andere bei ihm auslöst: „Ich bin müde, und die Lautstärke schafft mich, ich kann mich nicht ausruhen. Könntest du bitte ein bisschen leiser sein?"

Beispiel: Ein Mitschüler hat sich von dir Geld ausgeliehen und es dir zum vereinbarten Zeitpunkt nicht zurückgegeben. Er hat auch nicht gesagt, wann du stattdessen damit rechnen kannst.

1. Beschreib nun ganz sachlich, was dich am Verhalten des Mitschülers stört
   (denk daran, Ich-Botschaften zu senden!):

_____

_____

_____

_____

2. Beschreib genau die Gefühle, die dadurch bei dir ausgelöst werden.

_____

_____

_____

3. Nenne die Konsequenzen, die du daraus ziehst.

_____

_____

_____

4. Sag ganz ehrlich, welches Verhalten du dir wünschen würdest.

_____

_____

_____

Nun kannst du andere Beispiele aus Schule, Freizeit und Familie suchen und Du-Botschaften in Ich-Botschaften verwandeln. Denk nur einmal an all die „Erwachsenen-Botschaften". „Sitz nicht so krumm da! Trödel nicht rum! Iss deinen Teller leer! Sei nicht so laut!" Kannst du auch diese in Ich-Botschaften umwandeln?

Fritten-Hertas Zen

Didaktische, pädagogische und verhaltenstherapeutische Impulse:
Konzentration, Einsichtsvermögen, Lösungsfantasien

> Wenn ich hier meine Currywürste brate, dann sehe ich nur noch die Farben und stelle mir vor: Jetzt ist der richtige Zeitpunkt, sie rauszunehmen. Ich kann mir dann genau vorstellen, wie lecker sie schmecken. Da läuft mir das Wasser schon im Mund zusammen. Ich sag ja immer, man soll sich die Dinge genauer ansehen und Gedanken dazu machen, denn Denken ist Probehandeln. In Gedanken spiele ich verschiedene Handlungsmöglichkeiten durch und entscheide mich dann für die beste.

Nicht verletzen

Blüte am Brunneneimer:

Blüh nur weiter!

Ich hole Wasser beim Nachbarn.

Kaga no Chiyo

Betrachte das Bild eine Weile und
denk über das japanische Gedicht nach.
Schreib nun bitte auf, was es für dich bedeutet:

_____

_____

_____

_____

_____

Fritten-Hertas Diplomatie

Didaktische, pädagogische und verhaltenstherapeutische Impulse:
Bewusstsein, Selbstkontrolle, Zukunftsplanung, Ich-Stärkun

> Also, wenn in meiner Bude eine Currywurst so richtig lecker werden soll – und das sollen sie eigentlich alle! –, dann bin ich ganz allein dafür verantwortlich. Ich kann nicht nachher sagen, ich hätte von den Lieferanten schlechte Würste bekommen, und es auf andere abwälzen. Dann kommt doch keiner mehr wieder. Nein, ich muss schon Verantwortung übernehmen. Im Guten wie im Schlechten.

Tot oder lebendig?

Es war einmal vor langer Zeit, da lebte in einem kleinen Dorf eine junge Frau. Sie wusste auf jede Frage, die man ihr stellte, eine passende Antwort. Und ihre Antworten waren nicht nur immer wahr, sondern für die Fragenden auch immer sehr hilfreich. Durch diese außergewöhnliche Begabung wurde die Frau sehr bekannt und beliebt. Von überall her kamen die Menschen, um ihr Fragen zu stellen. Und immer wieder wusste sie eine hilfreiche Antwort.

Die Frau begann durchs Land zu ziehen, und überall kamen die Menschen zu ihr, um ihre Fragen zu stellen. Darüber wurde die Frau immer berühmter und beliebter bei den Menschen. Und wie es so ist, wenn man erfolgreich ist, gibt es auch immer sehr schnell Menschen, die einem den Erfolg nicht gönnen. So auch im Fall der jungen Frau. Irgendwo in einem anderen kleinen Dorf dachte ein junger Mann, dass diese Frau doch nicht auf jede Frage eine passende und hilfreiche Antwort wissen könne. Er überlegte, wie es zu bewerkstelligen sei, dass sie einmal keine Antwort wüsste oder die Unwahrheit sagte. Indem er ihr nachwies, dass sie auch einmal Unrecht hätte, hoffte er, selbst berühmt zu werden. Also wollte er, wenn die Frau auch in sein Dorf kommen würde, mit einem kleinen Vogel in der Tasche zu ihr gehen. Er würde den kleinen Vogel zwischen sein Hände nehmen, sodass die Frau ihn nicht sehen könne, und sie fragen: „Ist das, was ich in meinen Händen halte, tot oder lebendig?" Würde sie „lebendig" sagen, wollte er kurz und kräftig die Hände zusammendrücken, der Frau den kleinen toten Vogel in seinen Händen zeigen und ihr dadurch die Unwahrheit ihrer Antwort beweisen. Würde sie „tot" sagen, wollte er im gleichen Augenblick die Hände öffnen, sodass der kleine Vogel davon fliegen könne und die Frau auch in diesem Fall Unrecht hätte. Das war sein Plan.

Eines Tages kam die Frau tatsächlich in sein Dorf. Und der junge Mann ging, wie es sein Plan vorsah, mit dem kleinen Vogel in der Tasche zu ihr. Als er an der Reihe war, nahm er den kleinen Vogel verstohlen in seine Hände, streckte sie der Frau entgegen und fragte sie: „Ist das, was ich in meinen Händen halte, tot oder lebendig?" Die Frau aber sah ihm ruhig in die Augen und sprach: „Die Antwort liegt ganz allein in deinen Händen!"

Überleg einmal selbst: Für deine Haltung und dein Handeln bist einzig und allein du verantwortlich, niemand sonst. Was könnte die Antwort der Frau für deine Zukunft bzw. ein Leben ohne Gewalt bedeuten? Wie kannst du dein Leben in die eigenen Hände nehmen und Verantwortung übernehmen?

Fritten-Hertas Lizenz zur Neugier

Didaktische, pädagogische und verhaltenstherapeutische Impulse:
Gefühle, Kommunikation, soziales Lernen, Einsichtsvermögen, Werte

> Ich beurteile ja alle meine Kunden danach, wie sie sich hier benehmen – ob sie freundlich oder unfreundlich sind, ob sie mit mir sprechen und vor allem worüber, und ob es sie auch interessiert, was ich erzähle. Erst danach kann ich etwas darüber sagen, wie die Leute wirklich sind.

Diese Übung solltet ihr in der Gruppe durchführen, um euch untereinander besser kennen zu lernen und besser über persönliche Erfahrungen und Erlebnisse und Gefühle sprechen zu können. Am besten stellen sich alle in einer Reihe auf, dann wird vorgelesen, wer vortreten soll. Schön ist es, wenn man danach noch in der Gruppe darüber redet.

Jetzt tritt jeder vor, der

- nicht in Deutschland geboren ist.

- in Deutschland geboren ist.

- Ausländer nicht mag.

- Deutsche nicht mag.

- oft aus Langeweile Videos guckt.

- schon einmal Drogen genommen hat.

- schon mal geklaut hat.

- großen Wert auf Outfit und Styling legt.

- großen Wert auf Markenklamotten legt.

- es sinnlos findet, in die Schule zu gehen.

- Schule wichtig findet.

- schon mal Angst hatte, weil er mit einem schlechten Zeugnis nach Hause gekommen ist.

- schon mal nach einem Streit von zu Hause abgehauen ist.

- Schläge für ein notwendiges Erziehungsmittel hält.

- sich schon einmal allein und verlassen gefühlt hat.

- manchmal träumt.

- von seinen Eltern ermutigt wird, sich zu wehren.

- sich von anderen leicht unter Druck setzen lässt.

- zurzeit eine Freundin bzw. einen Freund hat.

- es richtig findet, einer Clique anzugehören.

Fritten-Hertas Ablehnung

Didaktische, pädagogische und verhaltenstherapeutische Impulse:
Gefühle, Kommunikation, Selbstwahrnehmung

Wenn hier einer in meine Pommesbude kommt und den starken Max macht, sag ich dem sofort: Hör mal, fahr bloß runter auf Zimmerlautstärke, ich bin nicht schwerhörig.

Im täglichen Miteinander geht es vor allem um emotionale Intelligenz – also darum, dass du in der Lage bist, deine eigenen Gefühle wahrzunehmen, sie zu benennen und der Situation entsprechend angemessen auszudrücken. Überleg einmal: Welche der folgenden Eigenschaften an anderen Menschen lehnst du ab? Oder andersherum gefragt: Wie solltest auch du dich nicht anderen gegenüber verhalten?

- grob
- oberflächlich
- schweigsam
- humorlos
- verschlossen
- ruhig
- schüchtern
- eigensinnig
- gewalttätig
- hasserfüllt
- faul
- draufgängerisch
- laut
- unsportlich
- hässlich

- gefühlskalt
- ängstlich
- ungläubig
- cool
- schadenfroh
- rücksichtslos
- weich
- jähzornig
- impulsiv
- untreu
- fantasielos
- gefühllos
- aggressiv
- angepasst
- motzig

Fritten-Hertas Wichtigkeit

**Didaktische, pädagogische und verhaltenstherapeutische Impulse:
Gefühle, Kommunikation, Selbstwahrnehmung**

Also, die Kids von der Curry-Clique haben ja alle irgendwie ihre positiven Seiten. Und ich sage denen auch, was mir gefällt. Ich glaube, das finden die auch ganz gut. Genauso finden sie es gut, wenn ich ihnen auch mal sage, was mich an ihrem Verhalten nervt.

In der letzten Übung hast du überlegt, welche Eigenschaften im täglichen Miteinander nicht so gut ankommen. Denk jetzt einmal darüber nach, welche der folgenden Eigenschaften dir an anderen wichtig sind. Solltest nicht auch du dich so anderen gegenüber verhalten?

- zärtlich
- ernsthaft
- gesprächig
- lustig
- offen
- temperamentvoll
- durchsetzungsfähig
- eigensinnig
- fleißig
- vorsichtig
- zurückhaltend
- beweglich

- erotisch
- romantisch
- zutraulich
- gläubig
- verständnislos
- cool
- nachdenklich
- warmherzig
- gefühlsbetont
- entschieden
- treu
- erfinderisch

Fritten-Hertas Blick in die Zukunft

Didaktische, pädagogische und verhaltenstherapeutische Impulse:
Ressourcen nutzen, Probehandeln, Lösungsfantasien, Zukunftsplanung

> Einmal war ich bei einer Hellseherin. Ich klopfte an die Tür, und von drinnen kam die Frage: „Wer ist da?" Ich bin natürlich sofort wieder gegangen – wenn sie das schon nicht weiß, was weiß sie dann eigentlich? Trotzdem stelle ich mir manchmal vor, wie es wohl wäre, eine Glaskugel zu haben, mit der ich in die Zukunft blicken könnte. Wie es wäre, wenn sich alles so entwickeln würde, wie ich es mir wünsche.

Stell dir vor du machst so eine Zeitreise – sagen wir: fünf Jahre in die Zukunft. Stell dir vor, du bist heute in dieser Zukunft angekommen, und dein Leben ist wunderschön. Es kann gar nicht schöner werden. Beantworte jetzt die folgenden Fragen:

- Wie hat sich dein Leben verändert? Was hat sich verändert?
  Wo stehst du jetzt in deinem Leben?

- Wie wichtig ist dir dein Körper und wie geht es ihm?

- Wo lebst du?

- Mit welchen Menschen bist du zusammen?

- Was tust du?

- Was lernst oder arbeitest du?

- Wie denkst du über dich, dein Leben und die Welt?

Nun, da du dir über all das klar geworden bist, zeichnest du dein künftiges Lebenspanorama. Du kannst auch eine Collage aus Bildern und Fotos anfertigen. Wichtig ist nur, dass dieses Bild zeigt, wie du dir dein Leben in fünf Jahren wünschst, wenn das Wunder deines Lebens eingetreten wäre.

Fritten-Hertas Schlagzeile

Didaktische, pädagogische und verhaltenstherapeutische Impulse:
Gestaltbildung, Ressourcen, Resilienz

> Ich mache mir Sorgen um meine Curry-Clique, wenn ich an die Zukunft denke. Der eine hat kein richtiges Zuhause, der andere Komplexe, und das Mädchen tut sich schwer mit seinesgleichen. Aber Zukunft kann man ja auch planen, habe ich mal gehört. Ich habe mir vorgenommen, mit ihnen zu reden, wenn sie das nächstes Mal hier sind. Damit sie sich mal Gedanken darum machen, was sie in ihrem Leben erreichen wollen und die Dinge selbst in die Hand nehmen.

Wenn alles nach Plan läuft und dein Leben sich nach deinen Wünschen und Vorstellungen entwickelt und du total glücklich bist: Welche Schlagzeile würdest du dir für dich in fünf Jahren in einer Zeitung deiner Wahl wünschen?

Schreib bitte den Namen der Zeitung auf und darunter deine Schlagzeile.

Zeitung: _____

Schlagzeile: _____

Dein Kommentar:

_____

_____

_____

_____

_____

_____

Wer nicht kommt zur rechten Zeit, kriegt die Wurst, die übrig bleibt.

Ich bin Fritten Hertas Ur-Kunde

„Der mit der Zeit geht"

_____

Vorname und Name

hat vom_____ bis zum _____ am

Curry-Camp

erfolgreich teilgenommen, eine Extrawurst bekommen
und den Curry-Kodex angenommen

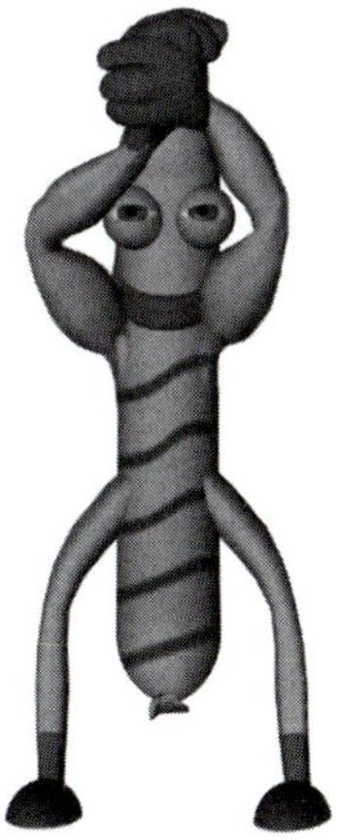

_____   _____

Bestimmer   Stempel   Ort und Datum

„Mit Geduld (Nin) wirst du es schaffen"

Vorbeugung durch Selbstverteidigung

Jugendliche Gewalt ist ein Problem der Gesellschaft

Dieser Ratgeber will

!

- noch mehr Aufmerksamkeit für Gewaltphänomene an Schulen und außerhalb erreichen,

- noch mehr Problembewusstsein schaffen,

- Gewaltphänomene noch öffentlicher und sichtbarer machen,

- noch mehr Schutz für Opfer und bedrohtes Menschenleben einfordern,

- Gewalt verringern, ohne Kinder und Jugendliche auszugrenzen,

- bessere Ausschöpfung des bestehenden Kinder- und Jugendhilfegesetzes,

- endlich deutliche und konsequente Strafen für schwer gewalttätige jugendliche Täter!

Mancher mag nun denken, dass viele andere Ratgeber diese Ziele auch verfolgen. Vorliegendes Buch allerdings fügt erstmalig wissenschaftliche Erkenntnisse, politische Motive und praktische Erfahrungen zu einem Gesamtbild zusammen, regt Denkprozesse an, fördert Ressourcen und bietet Ideen zur Entwicklung von Unterrichtsmodellen, Rollenspielen, Interventionsstrate-

gien, Bausteinen, Übungen und Projekten zur Gewaltvorbeugung. Dabei stehen die Philosophien jahrtausendealter und bewährter Techniken zur Gewaltvorbeugung Pate. Die traditionellen Kampfkünste kennen viele effektive Strategien, mit denen sich auch vermeintlich Schwächere gegen übermächtige Angreifer zur Wehr setzen können. Meist lassen sich schon einige wenige Techniken auf die unterschiedlichsten Situationen und Angreifer zum eigenen Schutz oder dem Schutz anderer einsetzen. Wichtig ist vor allem, ein Gespür für die Situation entwickeln und siegen zu lernen,.

Eine unserer zentralen Forderungen lautet: Deutliche Strafen für die Täter. Das bedeutet, den Tätern ein Unrechtsbewusstsein zu vermitteln, damit ihnen unmissverständlich klar wird: Wenn ich das und das tue, bekomme ich konsequenterweise diese und jene Strafe dafür. Und zwar ohne Wenn und Aber oder „Toleranzzone". Wer gegen klar definierte Regeln verstößt, muss mit der genauso klar definierten Strafe rechnen, zeitnah zur Tat, damit eine Lernerfahrung und die mit Einsicht verbundene Verhaltensänderung ermöglicht wird. Hierzu brauchen wir mutige Richterinnen und Richter. Und keinen Freispruch zweiter Klasse, der vielen jugendlichen Straftätern über das Hintertürchen Sozialstunden oder Bewährungsstrafe zugänglich wird. Ein Jugendgericht darf keine Wohltätigkeitsorganisation sein!

Information statt Hysterie

Gewaltvorbeugung sollte, so der Vorsitzende des Deutschen Kinderschutzbundes und Psychologe Günter Deegener, in einem ausgewogenen Verhältnis Kopf, Herz und Bauch berücksichtigen.[3] Wir sind der gleichen Meinung. Die Diskussionen in den Medien über Aggression und Gewalt durch Jugendliche

---

[3] Günter Deegener: Aggression von Kindern und Jugendlichen, S. 7 ff.

werden jedoch, so Deegener weiter, von Eltern, Lehrern, Politikern und der übrigen Öffentlichkeit immer häufiger sehr emotional und schlagwortartig geführt. Die vielfältigen Ursachen von Aggression und Gewalt werden dabei aber meist nur einseitig benannt oder aber als Wahlkampfpolemik missbraucht. Auch bleibt der Aufruf zu vorbeugenden Maßnahmen oft ein Lippenbekenntnis.

Es besteht also großer Bedarf an sachgerechten und umfassenden Informationen zur Gewaltproblematik. Eltern, Lehrer und Erzieher finden in unserem Ratgeber ausführliche Informationen zu Ausmaß und Ursachen, zu Hilfsangeboten und möglichen Sanktionen. Der Schwerpunkt liegt jedoch vor allem auf vorbeugenden Maßnahmen von Aggression und Gewalt durch Kinder und Jugendliche – und zwar durch die Vermittlung von Werten und Wertschätzung für andere Menschen. Und nicht zuletzt sollen emotionale und soziale Intelligenz gefördert und entwickelt werden.

Viele Erwachsene missbrauchen das Zerrbild jugendlicher „Monster" dazu, sich nicht das Spiegelbild unserer Gesellschaft anschauen und dabei vielleicht feststellen zu müssen, dass sie noch weit entfernt ist von einer humanen Gesellschaft, die die Vielfalt und Verschiedenartigkeit der Menschen, ihre Würde und Integrität achtet und ausreichend schützt. Oft genug reagieren Politiker kopf- und hilflos und ohne vernünftige Lösungen zu finden. Ihre einschlägigen Parolen werden bei jeder neuen Gewalttat gebetsmühlenartig wiederholt, ohne dass Taten folgen. Das trägt jedoch oft eher zu einer Verschärfung der Diskussion über Gewalt bei und versperrt den Blick auf vernünftige Lösungen im Sinne einer Vorbeugung gegen Gewalt.

Hinschauen statt wegschauen

Deshalb müssen wir lernen, mit der Gewaltkriminalität von Kindern und Jugendlichen differenzierter umzugehen. Wir dürfen eben nicht schlagwortartig wie am Stammtisch mit einseitigen Begriffen um uns werfen. Ein weiteres Problem besteht darin, dass ein und dieselbe Verhaltensweise von Jugendlichen und Erwachsenen zuweilen äußerst unterschiedlich bewertet wird. Da wird mitunter die Aggression eines Jugendlichen als „bestrafungswürdige Gewalt" eingestuft, während man das gleiche Verhalten z.B. einem Manager als Demonstration seiner „natürlichen Autorität" auslegt.

Aggression und Gewalt

sind Begriffe mit genau definiertem Inhalt und haben viele verschiedene Gesichter: körperliche Gewalt, Gewalt gegen Sachen (Vandalismus, Sachbeschädigung, Brandstiftung), sexuelle Gewalt, sexueller Missbrauch von Kindern und Jugendlichen, seelische Gewalt, verbale Gewalt (Erpressung, Verspottung, Beschimpfung, Demütigung), Vernachlässigung, strukturelle Gewalt (das ist die vermeidbare Beeinträchtigung grundlegender menschlicher Bedürfnisse), Gewalt gegen Frauen, Gewalt gegen Ausländer/Fremdenfeindlichkeit, Autoaggression (gegen die eigene Person gerichtet). Aggression und Gewalt entstehen immer aus einer Überlagerung verschiedener Gefühle, die nicht in Einklang gebracht werden können (Angst, Ohnmacht, Unsicherheit, Minderwertigkeit, Macht, Enttäuschung, Kränkung, Einsamkeit, Beleidigung) und sich ein Ventil suchen müssen.

Die strafrechtlichen Folgen von Aggression und Gewalt sind oft abhängig von der Schwere und vom Ausmaß einer Gewalthandlung. Dabei ist Aggressivität nicht immer gleich Verhaltensstörung, sondern zunächst einmal normal. Kinder und Jugendliche testen durch aggressives Verhalten Grenzen aus. Es zeugt von einer durchaus normalen Entwicklung, wenn ein Kind sich gegen die Eltern auflehnt, sich mit den Geschwistern streitet oder mit Klassenkameraden rauft. Kinder und Jugendliche experimentieren mit ihren aggressiven Gefühlen. Das müssen sie sogar, um einen „gesunden" Umgang mit ihnen zu lernen, der der Gemeinschaft nicht schadet.

Das Fünf-Punkte-Programm

Der Deutsche Kinderschutzbund und viele Fachkollegen unterstützen dieses Fünf-Punkte-Programm, mit dem die ganze Gesellschaft in die Pflicht genommen wird. Denn jugendliche Straftäter sind meist nicht isolierte Individuen, sondern meist entscheidend von der Gesellschaft geprägt und beeinflusst. Die einzelnen Maßnahmen, mit denen auf straffälliges Verhalten junger Menschen reagiert werden sollte, lauten:

1. Statt Einsperren   Ausbildung und Perspektiven

2. statt Wegsehen   Kooperation mit/von Polizei, Schule, Jugendamt

3. statt Repression   Gemeinwesenarbeit in sozialen Brennpunkten

4. statt Abwarten   Aufsuchen

5. statt purer Wissensvermittlung   komplexe schulische Sozialerziehung

Gewalt und Aggression

Jugendkriminalität ist „normal"

Jugendkriminalität ist vor allem Jungen-kriminalität – 77,3 Prozent der jugendlichen Täter sind männlich! 71 Prozent der Tat-verdächtigen kommen aus derselben Alters-gruppe der 14- bis 20-Jährigen). Die Krimi-nalitätsbelastung von Mädchen und jungen Frauen ist in allen Altersgruppen erheblich geringer. Dennoch: Es gibt keinen Besorgnis erregenden Anstieg der Gewaltkriminalität junger Menschen. Die „gefühlte" Gewaltbe-lastung ist deutlich höher als die tatsächlich festgestellte Situation. Die „gefühlte" Sicher-heit ist anders als die reale Sicherheit.

Brutale Überfälle auf Rentner, Obdachlose oder andere wehrlose Opfer scheinen eine perverse „Trendsportart" unter Jugend-lichen zu sein. Aber auch verbale Aggressio-nen und Beleidigungen sind ein Symptom ihrer Gewaltkriminalität. Ganz zu schwei-gen von der braunen Szene, Rechtradika-lismus, Fremdenfeindlichkeit. Am traurigen Ende der Gewaltskala stehen dann Amo-kläufe in Schulen wie Erfurt, Freising und Emsdetten, die sich an „Vorbildern" wie dem Blacksburg-Massaker in Virginia 2007 und der Columbine High School in Colorado 1999 orientieren.

Dazu sind die Nachrichten voll von Meldun-gen über Kindesmisshandlung, Sexualmorden und Entführungen an Kindern, Müttern, die

---

Geschlechtsspezifische Unterschiede

In unserer Kultur ist es für Jungen schwieriger als für Mädchen, eine sichere geschlechtliche Identität zu entwickeln. Die enge Bindung der Jungen zur Mutter muss nur von den Jungen aufgegeben werden, Mädchen dürfen sie behalten. Da vielen Jungen der Vater als Identifikationsfigur in der Familie fehlt, aber auch im Kindergarten und in der Grundschule, müssen sie sich stärker über ihr Geschlecht definieren, um sich von der Mutter abzulösen.

Jungen beginnen daher, Gefühle und Beziehungen zu sexualisieren. Kommunikative Handlungen, Bedürfnisse nach Macht und Zuwendung werden mit sexuellen Wünschen verknüpft. Diese männliche Identität ist aber sehr zerbrechlich, und hier liegt eine der Ursachen für die Angst der Männer vor den Frauen, Angst vor Gefühlen, vor Nähe, vor einer übermächtigen Mutter. Solche Angst führt am Ende zu Aggres-sionen, und diese äußern sich vielfach in aggressivem Sexualverhalten, durch Über-betonung von männlicher und sexueller Dominanz. Hinzu kommt noch, dass in der Erziehung bei Jungen aggressive Durchsetzung, flegelhaftes Benehmen und körper-liche Übergriffe sehr viel mehr toleriert bzw. verstärkt werden als bei Mädchen.[4]

Kein Wunder, dass sich diese Mechanismen auch in den Deliktstatistiken niederschlagen. Im Kindesalter und bei Bagatelldelikten (z. B. Ladendiebstahl) ist das Verhältnis von Jungen und Mädchen fast ausgeglichen. Je älter sie werden, umso deutlicher wird jedoch der Unterschied. Jungen werden zunehmend auffällig. Ein erheblicher Anteil der von Jugendlichen begangenen Delikte kommt jedoch nicht ans Tageslicht. Die Dunkel-ziffer der männlich verantworteten Gewalttaten ist also als weitaus höher anzusetzen.

---

[4] Günter Deegener, a. a. O., S. 64.

ihre Kinder töten, Kindern, die tagtäglich verwahrlosen, Kindern, die mitten unter uns verhungern und verdursten. Gewalt an Schulen, Körperverletzung, Bedrohung und Erpressung durch gleichaltrige Jugendliche scheinen längst Normalität zu sein. Die Medien berichten immer schneller, intensiver und umfassender darüber, es wird von katastrophalen Entwicklungen gesprochen und ein Horrorszenario entworfen. Rufe nach einer Verschärfung des Jugendstrafrechts werden laut und Forderungen nach Erziehungscamps bekräftigt. Man denkt öffentlich darüber nach, ob die Gesetze lückenhaft sind, die Polizei zu wenig Personal hat und zu schlecht ausgerüstet ist, angedrohte Strafen zu niedrig und die Gerichte zu milde sind und ob der Strafvollzug gefährliche Straftäter vorzeitig entlässt. Vor allem aber wird gefragt, ob diese Straftaten nicht im Vorfeld hätten verhindert werden können und sollen. Und im Fernsehen laufen menschenverachtende Sendungen wie die „Super Nanny", die die Realität verzerren. Therapie von Jugendlichen im TV. Was noch fehlt, ist eine Beratungssendung für Kinder mit schwierigen Eltern.

Man könnte also den Eindruck gewinnen, als würde die Gewaltkriminalität bei Jugendlichen ständig zunehmen. Angesichts all jener Berichte über Gewalt, Kriminalität, Terror und Angst versäumen wir jedoch, uns auch einmal der Frage zuzuwenden, warum eigentlich nicht noch mehr Kinder und Jugendliche Amok laufen und Gewaltdelikte begehen! Oder anders herum gefragt: Über welche schützenden Faktoren verfügen diese Jugendlichen? Was hält sie davon ab, ihre sicherlich hier und da vorhandenen Gewaltfantasien in die grausame Tat umzusetzen? Diese Frage mag so manchen erstaunen – aber noch erstaunlicher ist die Tatsache, dass sie bisher kaum erforscht ist.

In der Wissenschaft wird diese innere Widerstandkraft als Resilienz bezeichnet. Der Begriff stammt aus der Biologie und bedeutet Spannkraft, Elastizität und Beweglichkeit. In der Psychologie ist damit die seelische

und innere Widerstandskraft gemeint, die uns Misserfolge, Krisen, Risikosituationen und Niederlagen meistern lässt und Schicksalsschläge zu bewältigen hilft. Resilienz ist der Wille zu überleben. Resilienz ist die Fähigkeit des Stehaufmännchens, wieder aufzustehen.

> **Resilienz**
>
> Als resilient werden Kinder und Jugendliche bezeichnet, die in einem risikobelasteten sozialen Umfeld aufwachsen, welches durch Risikofaktoren wie z. B. Armut, Drogenkonsum oder Gewalt gekennzeichnet ist und die sich dennoch zu erfolgreich sozialisierten Erwachsenen entwickeln. Es gibt verschiedene Programme, die die Resilienz von Kindern und Jugendlichen in Familie, Kindergarten und Grundschule fördern.

Jeder ist gefordert

Wir wollen mit überholten und falschen Aussagen zur Gewaltvorbeugung aufräumen und die Hoffnung und Zuversicht vermitteln, dass sich Mut und Selbstbewusstsein auszahlen. Vorbeugung von Gewalt ist ein ebenso zentrales Thema wie der Kampf gegen die Klimakatastrophe – schließlich ist die Gewaltkriminalität Jugendlicher eine Art „gesellschaftliche Klimakatastrophe". Wir finden, ihr sollte genauso begegnet werden wie dem Klimawandel. Und wie Maßnahmen gegen diesen, kann auch Gewaltvorbeugung nur dann gelingen, wenn alle – und das heißt jeder Einzelne – ein Bewusstsein für die Risiken entwickeln, global denken und lokal handeln. Jeder in der Gesellschaft sollte Augen und Ohren öffnen, sein Gewissen einschalten und auf Herz und Verstand achten, wenn es um Gewalt bei Kindern und Jugendlichen geht.

So wie unsere Welt von einer Ozonschicht umgeben ist, die allmählich schwindet, hat auch jeder Mensch eine „Ozonschicht", die ihn umgibt. Diese Ozonschicht besteht aus einer Schutzillusion: Wir denken, Gewalt, Unfälle, Krankheiten, Überfälle usw. würden immer nur den anderen widerfahren, uns selbst aber natürlich nicht. Doch wer selbst einmal eine Situation erlebt hat, in der er bedroht oder angegriffen wurde, sich hilflos und ausgeliefert gefühlt hat, weiß, wie schnell diese Schutzillusion Angst und Verzweiflung Platz macht. Vorbeugung von Gewalt geht nicht nur andere an. Sie betrifft jeden, direkt oder indirekt. Wir müssen uns darüber im Klaren sein, dass wir nur gemeinsam stark gegen Täter sein können. Täter handeln aus Angst, Ohnmacht und niedrigen Beweggründen. Dem kann man nur Stärke und Bildung, Aufklärung und Information entgegensetzen.

Arme Kinder, reiche Kinder

Lassen Sie uns zuerst darauf blicken, wie es um die Sicherheit in unserem Land bestellt ist und welche Perspektiven und Forderungen sich daraus ergeben.

Es sind die einfachen Dinge, die Kinder glücklich machen: Familie und Freunde, Liebe und Geborgenheit. Laut einer Umfrage der Hilfsorganisation „Ein Herz für Kinder" aus dem Jahr 2007 bezeichnen sich 83 Prozent der Kinder in Deutschland als „fröhlich". Angesichts der Kinderarmut und der bestürzenden Fälle von Kindesmisshandlungen und Gewalt gerät offenbar aus dem Blick, dass die überwältigende Mehrheit der Kinder in Deutschland sehr behütet aufwächst, so das Institut für Demoskopie Allensbach, das die Umfrage durchführte. Deren wichtigste Ergebnisse sind: 71 Prozent der Kinder gehen gern zur Schule, nur 14 Prozent machen sich häufiger Sorgen über Noten und Zeugnisse. Für 64 Prozent ist die Mutter die wichtigste Bezugsperson. Nur vier Prozent haben Erfahrung mit körperli-

chen Strafen wie Ohrfeigen. 77 Prozent finden, dass ihre Mutter genug Zeit für sie hat – aber nur 42 Prozent sagen das über ihren Vater. Kinder treffen sich in ihrer Freizeit am liebsten mit ihren Freunden (81 Prozent), 72 Prozent spielen besonders gern draußen. Wer gern liest, ist auch gut in der Schule. Kinder aus wohlhabenden Familien (28 Prozent) lesen mehr als arme Kinder (18 Prozent). Lesen schützt Kinder vor Alkohol, Gewalt und Drogen.[5]

Die Kluft zwischen armen und reichen Kindern wächst: Arme Kinder werden öfter bestraft, 15 Prozent bekommen gelegentlich eine Ohrfeige (von den Kindern wohlhabender Eltern nur zwei Prozent). Sie haben größere Angst, in der Schule zu versagen (39 Prozent), rauchen und trinken häufiger. Jedes zweite arme Kind hat schon mal Gewalt in der Schule erlebt, aber nur 28 Prozent der wohlhabend aufwachsenden Kinder. Große Unterschiede gibt es zwischen Ost- und West-Familien: Ost-Kinder haben größere Angst, in der Schule nicht mitzukommen (33 Prozent), im Westen sind es 24 Prozent. West-Eltern strafen stärker mit Hausarrest und TV-Verbot, Ost-Eltern sind oft nur „sauer". 78 Prozent der Westkinder glauben an Gott, im Osten nur 32 Prozent. 48 Prozent der Westkinder haben ausländische Freunde, aber nur 24 Prozent im Osten.

Vorbeugen ist besser als das Nachsehen haben

Deutschland ist laut dem aktuellen Sicherheitsbericht der Bundesregierung eines der sichersten Länder der Welt. Sicherheit ist aber nichts Selbstverständliches und Statisches, sondern etwas, das ständig weiter entwickelt und verbessert werden muss. Um wirksame Gewaltvorbeugung betreiben zu können, ist es unerlässlich, sich auch mit den Taten und der Psychologie der Täter zu beschäftigen, regelmäßig eine Bestandsaufnahme zu machen und Erfahrungen und

---

[5] BILD: Kinder-Report vom 2. Januar 2008.

Erkenntnisse zu überprüfen und zu analysieren, um zu neuen, effektiven Entwürfen und Strategien gegen Gewalt zu kommen. Hierbei müssen kriminologische, rechtswissenschaftliche, statistische, soziologische, pädagogische, psychologische und therapeutische Dimensionen berücksichtigt werden. Vorbeugung entwickelt sich aus Aufmerksamkeit und Achtsamkeit. Nicht Schnelligkeit allein ist entscheidend, sondern auch richtiges Timing, Verantwortungsbewusstsein und wirksames Handeln machen Vorbeugung zu einer wirksamen Waffe im Kampf gegen die Gewalt. Vorbeugung ist die beste Verteidigung! Vorbeugung kann nicht nur von einem Einzelnen oder einer einzelnen Institution oder Organisation betrieben werden. Vorbeugung ist die Gesamtheit aller Maßnahmen, die durch ihr Zusammenwirken eine gegebene Situation stabilisieren, verändern und Menschen schützen.

Wie können Kinder und Jugendliche, aber auch Erwachsene vor gefährlichen Jugendlichen und heranwachsenden Intensiv- und Gewalttätern geschützt werden? Um diese Frage zu beantworten, muss man sich zunächst die Fakten ansehen. Eine zuverlässige Quelle, die die aktuelle Situation von Forschern, Wissenschaftlern und Politikern beschreibt, ist der Zweite Periodische Sicherheitsbericht des Bundesministeriums des Innern.[6] Nachfolgend seien seine wichtigsten Ergebnisse dargestellt, um daraus anschließend Forderungen für eine noch umfassendere Vorbeugung abzuleiten.

Fast 90 Prozent der männlichen Jungerwachsenen haben irgendwann einmal im Kindes- und Jugendalter gegen strafrechtliche Vorschriften verstoßen. Es ist quasi bei fast allen männlichen Jugendlichen mit strafbaren Verhaltensweisen zu rechnen. Jugendkriminalität ist also zunächst einmal normal und nicht per se ein Indikator einer zugrunde liegenden Störung. Zum Teil hat dies etwas mit der Identitätsbildung zu tun, denn Verletzungen von Regeln und Normen gehen als Begleitphänomen mit der Entwicklung einer individuellen und sozialen Identität einher. Während allerdings die meisten Jugendlichen nur einmal oder gelegentlich straffällig werden, begeht ein geringer Teil der Jugendlichen über einen längeren Zeitraum und gehäufter schwerere Straftaten.

Gut untersucht ist, welche Risikofaktoren für die Entstehung von abweichenden Verhaltensweisen verantwortlich sind; allerdings ist kaum erforscht, warum es bei den meisten Jugendlichen dann zu einem Ausstieg aus der „kriminellen Karriere" kommt. Hier sind noch viele Fragen in der Resilienzforschung offen: Welche Rolle spielen innere Widerstandskräfte, die Fähigkeit, mit Enttäuschungen umzugehen und Anerkennung von außen? Welche Rolle spielen Bindungsverhalten, Vertrauensfähigkeit und die Qualität der Beziehung zu den Eltern?

Der Schrecken der Abschreckung

Die Erfahrung zeigt: Strafrechtliche Interventionen, „Warnschussarrest" oder Erziehungscamps wirken nicht abschreckend, sondern können im Gegenteil das Risiko, rückfällig zu werden, erhöhen. Einsperren hat vor allem zwei Effekte: den alles überlagernden Wunsch, wieder herauszukommen, sowie eine „gefühlsmäßige Vollnarkose" und Resignation. Wenn von außen keine Hilfe kommt, muss man sich nach innen orientieren. Dort aber findet der jugendliche Straftäter immer wieder nur die gleichen gewalttätigen Verhaltensmuster; über friedlichere Lösungsstrategien verfügt er nicht.

Diskussionen über Verschärfung des Jugendstrafrechts, Forderungen nach Erziehungscamps und so genannte Warnarreste sind müßig und nichts anderes als Symptombehandlung. Als die ersten „Boot Camps" für straffällige Jugendliche in den USA entstanden, schwärmte das US-Justizministerium von „einer der innovativsten und auf-

---

6 Bundesministerium des Innern/Bundesministerium der Justiz: Zweiter Periodischer Sicherheitsbericht, Berlin und Rostock: Publikationsversand der Bundesregierung 2006, S. 354–407.

regendsten Formen" des Jugendstrafvollzugs. Aber Erziehungslager sind völliger Nonsens. Zum einen erleben die Jugendlichen die Erziehungslager als einen „Freispruch zweiter Klasse". Zum zweiten dürfen Menschen mit denselben psychischen oder Entwicklungsstörungen nicht isoliert werden, sonst verstärkt sich ihre Störung nur noch. Und last but not least versucht man in solchen Camps, Jugendlichen mit Gewalt etwas beizubringen. Und das kann nicht funktionieren: Denn die Erfahrung von Härte und Aggressivität führt nicht zwingend zu Disziplin und Problembewusstsein, sondern viel wahrscheinlicher zur Wiederholung von Härte und Aggressivität. Drill und Erniedrigung können nicht 15 Jahre Erziehungsversagen korrigieren.

Fast 20 Jahre nach Einführung der Boot Camps ist Ernüchterung eingekehrt. Die Rückfallquote ist keinesfalls geringer als bei den ehemaligen Insassen von Gefängnissen und Jugendstrafanstalten: Vier von fünf Jugendlichen, die in Boot Camps waren, werden wieder rückfällig. Auf der anderen Seite gibt es erschreckende Berichte über das grausame Lagerleben. Dem US-Kongress zufolge starben seit 1990 zehn Jugendliche in solchen Boot Camps. Wenn ein Jugendlicher in einem Boot Camp landet, ist es also eigentlich schon zu spät. Schwere Versäumnisse und Schäden in der Erziehung von Kindern und Jugendlichen können durch solche Maßnahmen nicht korrigiert werden.

Will man wirklich eine Veränderung bewirken, müssen die Ursachen behoben werden. Und die sind in den Familien und den Familienersatzsystemen wie Kindergarten und Schule zu suchen. Denn die Erfahrung zeigt: So, wie ein Kind mit dem sechsten Lebensjahr ist, bleibt es vermutlich sein ganzes Leben lang. Die Zauberwörter lauten: Früherkennung und frühe Förderung. Aber auch der Sport bietet dem Kind und Jugendlichen hervorragende Möglichkeiten, den Charakter zu bilden, sich zu sozialisieren, eigene Grenzen zu erkennen, anderen Grenzen zu setzen und Werte zu erfahren.

Keimzelle Clique

Die Ablösung vom Elternhaus und der Eintritt ins Erwerbsleben finden heute erst nach dem 21. Lebensjahr ab. Dadurch hat sich die Jugendphase deutlich verlängert im Vergleich zu früher. Die Reifungslücke setzt früher ein und dauert länger. Es kommt zu einer zeitlichen und emotionalen Entkoppelung der Übergänge ins Erwachsenenalter: Der Beginn der beruflichen Laufbahn, das Hineinwachsen in Partnerschaften, die Gründung einer Familie können zu unterschiedlichen Zeitpunkten in unterschiedlicher Reihenfolge stattfinden. Daher ist davon auszugehen, dass jugendtypische Verhaltensweisen im Bereich kriminellen und abweichenden Verhaltens auch noch deutlich bis über das Alter der Volljährigkeit hinaus auftreten.

Ferner spielt die Gruppe der Gleichaltrigen eine wichtige Rolle für die Entwicklung. Kriminelle Jugendliche haben mit großer Wahrscheinlichkeit eine Gruppe weiterer krimineller Jugendlicher um sich. Die Zugehörigkeit zu solch einer Gruppe erhöht das Risiko dramatisch, selbst kriminell zu werden: Je mehr gewalttätige Freunde ein Jugendlicher hat, desto größer ist die Gefahr, dass er selbst gewalttätig wird. Das ist kein Wunder, wenn man bedenkt, dass der Gruppe der Gleichaltrigen große Bedeutung im Ablösungsprozess von Elternhaus und der Familie zukommt. In Cliquen gestaltet ein großer Teil der Jugendlichen seine Freizeit und erlebt Zugehörigkeit, Anerkennung und Geborgenheit. Gleichaltrigengruppen sind übergangsweise Familienersatzsysteme, in denen sich aber auch frühere Beziehungsmuster wiederholen und verstärken – positive wie negative. Allerdings sind die wenigsten Gleichaltrigengruppen von Gewalt und normabweichendem Verhalten geprägt. Diese finden sich lediglich in etwa zehn Prozent aller Gleichaltrigengruppen. Meistens handelt es sich bei diesen so genannten prekären Cliquen um Zusammenschlüsse stark vorbelasteter Jugendlicher.

Es ist wissenschaftlich abgesichert, dass Jugendliche in kriminellen Cliquen zumeist einen ähnlichen Hintergrund haben:

!

- **gestörte Beziehungen zu den Eltern über einen langen Zeitraum,**

- **andauernde familiäre Konflikte,**

- **geringe Bildung,**

- **negative Erfahrungen in der Schule,**

- **schlechte Zukunftsperspektiven,**

- **wiederholte Misserfolgserlebnisse,**

- **vielfältige Ausschlusserlebnisse.**

Diese Jugendlichen haben meist keine Alternative, denn andere Cliquen sind ihnen gar nicht zugänglich. Sind sie erst einmal in einer kriminellen Clique, können die antisozialen Tendenzen, die schon vorhanden sind und meist noch vor dem zehnten Lebensjahr entstehen, im Schutz der Gruppe weiter aufblühen und dann auch in die Tat umgesetzt werden. Wenn alle mitmachen, kann es ja nicht so schlimm sein, ist eine häufige Schutzfantasie. Dazu passt die Beobachtung, dass das kriminelle Verhalten des Einzelnen meist zurückgeht, wenn er die Clique wieder verlässt. Daher sind mit großer Wahrscheinlichkeit Gruppenprozesse und -regeln ursächlich dafür verantwortlich, dass Jugendliche zu Straftätern werden. Oder besser gesagt: Die Clique der Alternativlosen

---

Antisoziale Jugendliche

Seelische Obdachlosigkeit gepaart mit Alternativlosigkeit führt zu Ohnmacht und Angst. Gewalt ist ein Ventil, um das Gefühl der Ohnmacht in Allmacht zu verwandeln. Das Persönlichkeitsprofil dieser Jugendlichen sieht häufig so aus:

- Sie missachten grundsätzlich die Rechte anderer und verletzen sie (Psycho- oder Soziopathie). Sie haben schon frühzeitig den Pfad des gesellschaftlichen ethischen Konsenses verlassen, um rücksichtslos ihr Streben nach Macht zu verfolgen.
Sie meinen, als Einzige zu wissen, wie die Welt funktioniert. Sie wollen Macht und Kontrolle (persönlich, materiell, sexuell), und dabei ist ihnen jedes Mittel Recht.

- Sie haben keine Fragen an die Welt, aber dafür auf alles eine Antwort. Sie stellen sich gleichsam außerhalb der Ordnung und betrachten die Welt wie einen Supermarkt, in dem sie sich, ohne zu bezahlen, nehmen, was sie brauchen. Die Menschen um sich herum begreifen sie als willenlose Marionetten, die dumm genug sind, sich an Arbeitsverträge und andere Regeln zu halten. Wie ein Marionettenspieler weiß, an welchen Fäden er zu ziehen hat, um bestimmte Bewegungen auszulösen, wollen antisoziale Jugendliche die Puppen der Welt tanzen lassen.

- Sie kennen nur extreme Gefühle: „Wenn ich nicht geliebt werde, will ich wenigstens gehasst werden." Sie haben den Zugang zu ihren Gefühlen verloren und müssen sie „denken". Oft genug können sie gar nicht (mehr) lieben.

- Sie präsentieren sich nach außen als geschickte Imitatoren des Lebens:
Sie sind selbst keine individuelle Persönlichkeit, sondern ahmen eine oder mehrere Persönlichkeiten nur nach – aber das perfekt.

ermöglicht die Umsetzung bereits früher angelegter Beziehungsmuster und eine Verstärkung der emotionalen Erfahrungen.

Antisoziale und schwer kriminelle Jugendliche handeln quasi nach einem „inneren Drehbuch", und ihr kriminelles Verhalten ist – so paradox es auch klingen mag – ein naiver Versuch der Eigentherapie. Indem sie immer wieder kriminelle Handlungen begehen, glauben sie, eine eigenständige Identität zu entwickeln. Serientaten sind so als primitive Form der Konfliktbewältigung zu werten. Weil diese Jugendlichen jedoch nicht einsehen (können), dass ihr Problembewältigungsverhalten „falsch" ist, und aus ihren Erfahrungen nicht lernen können, machen sie andere verantwortlich für das eigene Versagen. Wer nicht reflektiert, projiziert.

Kriminelle Cliquen

Sie unterhalten meist ein kriminelles Netzwerk und haben im größeren sozialen Umfeld auch der Kriminalität zugeneigte „Freunde". Diese Cliquen umfassen in der Regel zwei bis vier Personen, die wiederum in ein größeres Bezugssystem von Gleichgesinnten eingebettet sind. Kriminelle Gruppen sind, anders als Gangs, nicht sehr stabil und organisiert: Täter sind oft nur kurzzeitig Mitglied und wechseln ihre Gruppe mehrmals.

In den meisten Fällen handelt es sich jedoch auch dann, wenn es aus der Gruppe heraus zu kriminellem Verhalten kommt, um ein vorübergehendes Phänomen – also um eine Form des in der Gruppe eingebetteten und dort verstärkten Verhaltens, das nach Eintritt ins Erwachsenenalter meist wieder aufgegeben wird.

Weitere Einflussfaktoren

Kriminelle und gewalttätige junge Menschen sind im Vergleich zu ihrem Anteil an der Bevölkerung überrepräsentiert. Weit mehr als die Hälfte aller Täter stammt aus derselben Altersgruppe wie ihre Opfer (14 bis 20 Jahre). Diese Tatsache wurde mittlerweile durch mehrere Studien bestätigt. Allerdings werden Kinder und Jugendliche bedeutend häufiger Opfer der Gewalt Erwachsener (oft der eigenen Eltern), als dass sie selbst Täter sind. Körperverletzungen, Eigentumsdelikte und Drogendelinquenz sind die überwiegenden Delikte der jugendlichen Täter.

Das abweichende Verhalten junger Menschen ist umso ausgeprägter, je schlechter die soziale Lage ihrer Familien ist, je geringer ihre schulischen Bildungschancen sind und je schwächer ausgeprägt der Zusammenhalt der Stadtteile ist, in denen sie leben. Neuere Studien bestätigen, dass besonders Jugendliche durch abweichendes Verhalten auffallen, die die Schule schwänzen. Schuleschwänzen kann daher als Symptom für Entwicklungsauffälligkeiten und Beziehungsstörungen betrachtet werden und selbst zur Weiterentwicklung des abweichenden Verhaltens beitragen. Weiter findet sich ein Zusammenhang zwischen einem exzessiven, unkontrollierten Konsum von audiovisuellen Medien (also auch Video- und Computerspielen) einerseits und dem Ausmaß der Gewaltdelikte andererseits. Computerspiele machen aber nicht per se aggressiv, sondern verstärken nur bereits vorhandene Aggressionen und Gewaltfantasien. Ein Verbot von Gewaltvideos und Computerspielen zur Vorbeugung von Gewaltdelikten ist daher nicht Erfolg versprechend.

Den schon vielfach angedeuteten Einfluss der Eltern-Kind-Beziehung untermauern zahlreiche Studien. Jugendliche neigen eher dazu, gewalttätig zu werden, wenn sie aus einem Elternhaus kommen, in dem es ein hohes Maß an innerfamiliärer Gewalt gibt. Wissenschaftlich erforscht ist auch, dass die Qualität der Beziehung der Eltern zueinander ausschlaggebend für die Entwicklung von Kindern und Jugendlichen ist. Auch der Gruppenbezug bei Jugendlichen spielt, wie wir gesehen haben, eine zentrale Rolle. Straftaten von Jugendlichen werden häufig aus Tätergruppen heraus verübt.

Das Auftreten von Gewalt ist aber auch abhängig vom Schul- und Klassenklima, von der didaktischen Qualität des Unterrichts und der Qualität der Beziehung zwischen den Schülerinnen und Schülern einerseits und den Lehrkräften andererseits. Ein deutlicher Zusammenhang besteht auch zwischen Schulgewalt und den Reaktionen der nicht in die Gewalthandlung unmittelbar einbezogenen, beobachtenden Mitschüler. Die Frage, ob eine Schulklasse als soziale Einheit aggressives Verhalten duldet oder sogar bestärkt, entscheidet wesentlich mit darüber, ob Opfer- und Täterrollen beibehalten werden.

Entstehung von aggressiven Entwicklungsstörungen

Unsere Kinder und Jugendlichen wachsen in einer Gesellschaft auf, in der Gewalt mittlerweile als eine Volkskrankheit bezeichnet werden muss. Die Faktoren und Ursachen für diese Jugendgewalt sind vielfältig und nicht so einseitig, wie sie von den Medien dargestellt werden. Hier sind – zugegebenermaßen grob verkürzend – die folgenden Schlagworte zu nennen:

- **Funktionsverlust der Familie,**

- **Mangel an gesellschaftlich akzeptierten Leitbildern,**

- **Werteverlust.**

Die Gewaltatmosphäre in unserer Gesellschaft

- Wir tolerieren zu viele aggressive und gewalttätige Formen der Konfliktlösung. Diese erleben Kinder in Kindergarten, Schule und Fernsehen als etwas „Normales".

- Der Einzelne lebt zunehmend rücksichtslos seine Bedürfnisse auf Kosten anderer aus.

- In der Erziehung werden Kindern immer weniger Grenzen gesetzt.

- Die Gewalt in der Erziehung hat im Laufe der Jahrzehnte nicht abgenommen.

- Viele Kinder müssen körperliche Gewalt und sexuellen Missbrauch ertragen.

- Seelische Gewalt gegen Kinder ist ein weit häufigeres Phänomen als körperliche Gewalt.

- Kinder erleben Gewalt durch die Eltern und Gewalt unter den Eltern.

- Mädchen und Jungen werden immer noch unterschiedlich erzogen (was dazu führt, dass ein und dasselbe Verhalten unterschiedlich bewertet wird: Jungen „dürfen" raufen, Mädchen nicht).[7]

---

[7] Günter Deegener, a. a. O., S. 33 ff.

Der Gedanke, dass unsere Kinder in einer Atmosphäre aufwachsen, in der Gewalt in Familie, Schule und Freizeit etwas Normales ist, sollte uns Angst machen. In solch einer Atmosphäre, die seelische und körperliche Verletzungen und Kränkungen nicht sanktioniert, stauen sich bei Kindern Ärger und Frustration auf. Irgendwann werden die Kinder blind vor Wut, und sie verlieren die Beherrschung. Darüber verlieren sie sich selbst und den Blick für die Realität und entwickeln den brennenden Wunsch nach Macht, Überlegenheit und Rache: einmal der Stärkere sein! Dann werden Sündenböcke gesucht, Schwächere, die man erniedrigen und verletzen kann. Und der Gewaltkreislauf beginnt. Vor einem solchen Hintergrund sind Gewalttaten von Kindern und Jugendlichen erklärbar. Denn kein Jugendlicher wird über Nacht zum Gewalttäter.

Wer geschlagen wird, schlägt irgendwann zurück

Damit wir uns recht verstehen: Die Wahrscheinlichkeit, auf der Straße überfallen und zusammengeschlagen zu werden, war noch nie so gering wie heute. Wir sind offensichtlich auf dem richtigen Weg. Aber es gibt noch immer zu viele Gewalttaten. Gewalttaten sind, wie gesagt, immer Folge von über einen langen Zeitraum gestörten Beziehungen: Fehlende emotionale Bindung in der Kern- und Ursprungsfamilie, seelische Obdachlosigkeit, Missachtung, Überforderung und Hoffnungslosigkeit führen zunächst zu Hilflosigkeit, die irgendwann in Aggression umschlägt.

Problematische Kinder und Jugendliche sind also Symptomträger ihrer erlebten Gefühlslandschaften. Sie kommen fast immer aus problematischen Verhältnissen und aus allen Schichten – auch aus „besten" Elternhäusern. Viel spricht dafür, dass wir Erwachsenen im alltäglichen Umgang in Elternhaus, Kindergarten, Schule, Sportverein usw. dazu neigen, unsere Kindern zu oft und zu krass

zu disziplinieren, zu tadeln, zu erniedrigen, zu beschimpfen, zu bedrohen, zu bestrafen und körperlich zu misshandeln.

Solche Kinder werden zunehmend unsicher, gehemmt, ängstlich und ziehen sich von der Umwelt aus Angst vor Ablehnung und Versagen zurück. Sie verlieren immer mehr das Gefühl, „in Ordnung" zu sein, fühlen sich im Vergleich zu anderen schlechter, dümmer, hässlicher, unwichtiger usw. Sie fangen an, ihr Verhalten zu kontrollieren, um nicht negativ aufzufallen, um Liebesentzug, Spott und Misserfolg zu vermeiden. Sie stehen unter Dauerdruck und können die Anspannung körperlich spüren: Sie schwitzen leicht, sind motorisch unruhig, erröten und bekommen Herzklopfen – kurz, ihr Körper läuft auf Hochtouren. Sie verbrauchen alle ihre Energie im Kampf um Anerkennung. So kann auch ein Teil der Lern- und Leistungsstörungen erklärt werden. Wer Angst hat, kann nicht lernen.

Irgendwann trauen sich die Kinder nichts mehr zu. Sie wollen besonders gut sein, doch die Misserfolge häufen sich. In den Augen anderer wirken sie „komisch", zickig, verkrampft, linkisch und hinterlistig. Sie werden zu Außenseitern und mehr und mehr gemieden. Schließlich weichen sie selbst der Welt aus Angst vor Misserfolg aus, anstatt ihr mit Hoffnung auf Erfolg entgegenzugehen. Kontakte brechen ab, und so fehlen ihnen Gelegenheiten zu lernen, sich unter Gleichaltrigen zurechtzufinden, sich durchzusetzen und Gefühle in sozial akzeptierter Weise auszudrücken. Gehemmte, selbstunsichere und ängstliche Kinder fangen meist irgendwann an, mit Trotz, Wut und Aggressionen zu reagieren. Enttäuschungen, seelische Verletzungen und Versagen schlagen dann leicht in aggressive Handlungen um, und beispielsweise Elternteile werden so behandelt, wie die Kinder sich von ihnen behandelt fühlen:

„Dann wird die Mutter, von der man sich nicht geliebt und abgelehnt fühlt, z. B. zur ‚blöden Kuh'. Dies geschieht aus zwei

Gründen: Einmal tut es nicht so weh, von einem Menschen nicht geliebt zu werden, der sowieso ,blöd' ist, und zum anderen wird der andere Mensch so verletzt, wie man sich selbst von ihm verletzt fühlt. Es wird dann also (oft auch unter Erwachsenen) nach dem Schema gehandelt: ,Wenn du mich nicht magst und mir weh tust, dann mag ich dich auch nicht und tue dir auch weh!' Leider verstehen aber nun sehr viele Eltern nicht diese Verletztheit des Kindes, dass also das Kind (…) mit dem ,Blöde Kuh'-Schrei eigentlich um die Liebe der Mutter ringt, deren Zurückweisung nicht erträgt und eigentlich diesen ,wunderschönen Paradiesvogel' sehr liebt und von ihm ebenso sehr geliebt werden möchte. Im Gegenteil: Die ablehnende Äußerung des Kindes trifft auch tief, man empfindet das Kind weiter als nur ungezogen, und so erfolgt die nächste Strafe, woraufhin das Kind sich wieder abgelehnt fühlt, mit aggressiven Empfindungen reagiert usw. Wenn es sich dann um ein Kind handelt, das ohnehin von Geburt an vielleicht sehr temperamentvoll, unruhig und impulsiv war, werden sich Mutter und Kind wechselseitig sehr schnell aggressiv hochschaukeln."[8]

Warum Kinder aggressiv werden

- Faustregel: „ Das Verhalten der Kinder, dem starke Beachtung geschenkt wird, verstärkt sich, d. h., es tritt häufiger auf – aber das Verhalten, das wir ignorieren, vermindert sich, schwächt sich ab."

- Körperstrafen stärken bei Kindern auch unerwünschte Verhaltensweisen, die zu eben diesen Schlägen geführt haben.

- Kinder erleben es als reizvoll, ihre Macht über Erwachsene auszuüben, indem sie sie über ungezogenes Verhalten jederzeit auf die Palme bringen können.

- Entwürdigende Erziehungsmaßnahmen ermöglichen dem Kind keine Einsicht; sie stärken nur seinen Wunsch, sich später dafür zu rächen.

- Gewalt in der Erziehung unterdrückt nur momentan die Bedürfnisse und Wünsche des Kindes; wenn das Kind später keine Angst mehr vor Gewaltverhältnissen hat, wird es sein früheres, unangemessenes Verhalten wiederholen.

- Das Schlagen von Kindern ist „Dressur mit den Mitteln der Angst", die Selbstständigkeit, Selbstbewusstsein, Kreativität und Kooperationsfähigkeit im Keim erstickt.

- Aus Angst vor Liebesentzug verdrängt das Kind seine aggressiven Empfindungen; in der Fantasie findet es jedoch keine Lösungsstrategien für die aggressiven Gefühle.

- Das Kind verlernt, mit (aggressiven) Gefühlen angemessen umzugehen und kann sie nicht mehr steuern und lenken.

- Es unterdrückt und kontrolliert seine Aggressionen immer mehr, macht sie quasi unsichtbar; das Pulverfass beginnt sich immer weiter zu füllen.

- Es frisst die Gefühle in sich hinein und kann sie nicht mehr ausdrücken, sodass sein Körper sie abbilden muss: durch Kopf- und Bauchschmerzen, motorische Unruhe, Alpträume und am Ende eben über offene Aggression und Gewalt.[9]

---

[8] Günter Deegener, a. a. O., S. 57.
[9] Günter Deegener, a. a. O. S. 58 ff.

Der Wut und Aggression der Kinder liegen stets Ängste zugrunde, die sich im Laufe der Zeit summieren. Am Ende ist schließlich ein gleichbleibend hohes Angstniveau erreicht. Dann gibt es kein Zurück mehr: Ab diesem Zeitpunkt bleibt die Summe aller Ängste gleich. Was sich ändert, sind die so genannten „Angstobjekte", also die Dinge, vor denen das Kind Angst bekommt. Aber die Antwort des Kindes ist immer dieselbe: Aggression. In der Psychologie spricht man daher auch von einem Angst-Aggressions-Komplex. Angst und Aggression sind untrennbar miteinander verbunden. Menschen, die nach außen aggressiv und gewalttätig sind, sind im Innern sehr ängstlich. Und umgekehrt. Ängstliche Menschen sind im Innern oft gehemmt aggressiv, was fast zwangsläufig zu einem Wutstau führt, der sich irgendwann ein Ventil suchen und entladen muss.

All diese Erklärungen wollen den jugendlichen Straftätern jedoch nicht die Verantwortung für ihre aggressiven Handlungen absprechen. Kinder und Jugendliche brauchen klare Grenzen. Es geht keineswegs darum, aggressive Verhaltensweisen zu akzeptieren und hinzunehmen. Aber wenn man versteht, warum Kinder und Jugendliche gewalttätig werden, kann man ihnen helfen, sich zu ändern, neue Einsichten zu gewinnen, zu reifen und am Ende zu verantwortungsvollen Beziehungen und reifen Konfliktlösungen zu finden.

Jeder von uns hat den Wunsch nach Zugehörigkeit, Aufmerksamkeit, Anerkennung, Geborgenheit. Wir sind soziale Wesen. Wir brauchen andere Menschen und sind nicht dafür gemacht, allein auf diesem Planeten herumzulaufen. Und unsere Kinder brauchen Bindungen, Sicherheit, Vorbilder und Vertrauen, um zu starken, gesunden Persönlichkeiten heranzuwachsen.

Statistische Entwicklung der Kinder- und Jugendlichenkriminalität

Vergleicht man die registrierten Kriminalitätsraten junger Menschen vom Anfang der 90er-Jahre mit den Zahlen von 2007, so ist kein Anstieg erkennbar. Es gibt leichte Schwankungen, in einigen Bereichen sind sogar Rückgänge zu verzeichnen. Zu bedenken ist aber, dass sich von 1990 bis 2007 die polizeiliche Aufklärungsquote um etwa zehn Prozent verbessert hat. Allein aufgrund dieser erhöhten Aufklärungsquote ist ein Anstieg der ermittelten Tatverdächtigen um etwa 25 Prozent in dieser Zeit zu erwarten. Am deutlichsten sind Anstiege der kindlichen Tatverdächtigen bei Körperverletzungs- und Gewaltdelikten.

Bei den Strafunmündigen (unter 14 Jahren) haben vor allem die Körperverletzungen zugenommen. Zu beobachten ist auch, dass die Tatverdächtigen immer jünger werden (vor allem bei Gewaltkriminalität, einfacher Körperverletzung und bei Verstößen gegen das Betäubungsmittelgesetz). Gewalttaten von Kindern richten sich vor allem gegen andere Kinder. Bei Jugendlichen stiegen die Körperverletzungsdelikte um das Doppelte, Gewaltdelikte um 80 Prozent. Drogendelikte haben sich verdreifacht.

Allerdings ist es von 1990 bis 2007 zu einem Anstieg des Waffenbesitzes innerhalb der Schule gekommen. Auffällig ist bei männlichen Jugendlichen auch der Anstieg von Vergewaltigungen und sexuellen Nötigungen. Internationale Studien zeigen, dass schwerwiegende Gewalttaten junger Menschen oftmals ihre Wurzeln im Kindesalter haben. Durch Störungen im Sozialverhalten und Regelverletzungen, die in relativ frühem Alter einsetzen, ist das Risiko für langfristig abweichendes und gewalttätiges Verhalten, aber auch ungünstige Entwicklungen in Schule, Partnerschaft, Beruf sowie Gesundheit deutlich erhöht. Persönlichkeitsstörungen, die zu antisozialem Verhalten führen, sind immer Beziehungsstörungen. Auch hierin ist ein wichtiger Ansatzpunkt für die Vorbeugung von Gewalttaten zu sehen.

Bei der Frage, warum weibliche Kinder und Jugendliche weitaus weniger auffällig und gewalttätig werden als Jungen (siehe auch S. 8), scheint die Resilienz eine wichtige Rolle zu spielen. Offensichtlich sind Mädchen resilienter als Jungen, also „fähiger", trotz widriger Bedingungen keine Auffälligkeiten zu entwickeln. Männliche Jugendliche äußern Ihre Aggression eher auf körperlichem Wege, während sich bei weiblichen Jugendlichen eher Formen indirekter Aggressionen finden, etwa in Form von Rufschädigung und sozialer Ausgrenzung. Dies ist im strafrechtlichen Sinne jedoch kaum

Die Bedeutung von Migrationserfahrung

In den verfügbaren Daten und Statistiken über Gewalttaten von Jugendlichen finden sich deutliche Überrepräsentationen junger Nichtdeutscher unter den registrierten Tatverdächtigen, Verurteilten und Inhaftierten, wenn deren Anteil an der amtlich erfassten Bevölkerung als Relativierungsbasis zugrundegelegt wird. Allerdings gibt es noch keine Studien, die eindeutig belegen, dass Jugendliche mit Migrationshintergrund mehr Straftaten begehen als deutsche Jugendliche.

Werden Jugendliche mit Migrationshintergrund schwer gewalttätig und kriminell, so sollte bedacht werden, dass ein „Kriminellen-Export" keine Lösung ist. Wer hier aufgewachsen ist, muss auch hier betreut werden – und wenn es sein muss, lange Zeit im Gefängnis!

von Bedeutung (auch wenn solche Maßnahmen für die Opfer mit erheblichen Folgen verbunden sein können).

Gewalt in und außerhalb der Schule

Die so genannten „Raufunfälle" (z. B. Knochenbrüche) an Schulen sind von 1997 bis 2007 um knapp zehn Prozent zurückgegangen, was darauf hindeutet, dass das Gewaltgeschehen an Schulen hinsichtlich des Schweregrades geringer wird. Das „Spaßkloppen" ist gleichbleibend normal. Die Gewalt an Schulen wird aber nicht in allen Bundesländern in der polizeilichen Kriminalstatistik mit dem Tatort Schule ausgewiesen. Aufgrund der vorliegenden Untersuchungen und Statistiken kann man sagen, dass die Gewalt an Schulen seit 1999 deutlich abgenommen hat: Die körperliche und psychische Gewaltanwendung ist gesunken. Jedoch ist eine Zunahme der verbalen Aggression zu verzeichnen.

Es gibt also keine statistischen Anhaltspunkte dafür, dass sich die Gewalt an Schulen verschärft haben könnte – auch wenn durch intensivere und häufigere Medienberichterstattungen die gefühlte Zunahme der Gewalt gewachsen zu sein scheint. Es zeigen sich jedoch insgesamt Altersverschiebungen. Während bei jüngeren Altersklassen leichte Anstiege zu verzeichnen sind, findet sich bei jüngeren Jugendlichen und bei älteren Schülern zwischen 16 und 19 Jahren eine deutliche Abnahme. Grund für diese erfreuliche Entwicklung dürften die zahlreichen und sinnvollen Maßnahmen der gezielten Gewaltvorbeugung sein. Besonders bemerkenswert ist die stärkere Sensibilisierung der Schüler und Lehrer für Gewaltphänomene, die zu einer deutlich erhöhten Mitteilungs- und Anzeigebereitschaft gegenüber der Polizei sowie einer besseren Aufklärung von Straftaten geführt hat. Die Gewalt an Schulen geht also zurück, während sich Aufmerksamkeit und Problembewusstsein bei Schülern, Lehrern und der Öffentlichkeit weiterentwickelt haben. Die gefühlte Zunahme der Gewalt liegt vermutlich daran, dass entsprechende Fälle mittlerweile öfter im Zentrum der medialen Berichterstattung stehen.

Auch aus den Studien zu Tathandlungen und Opfererlebnissen außerhalb der Schule kann ein Rückgang der Gewalterlebnisse Jugendlicher geschlossen werden. Drogenkonsum (Probier- und Neugierverhalten vor allem bei Cannabis und Alkohol), Graffiti und Automatenaufbrüche weisen Zuwächse auf. Bemerkenswert ist auch hier die deutliche Zunahme der Anzeigebereitschaft der Jugendlichen (um etwa ein Drittel). Bei den Sexualdelikten findet sich sogar eine Verdoppelung der Anzeigequote.

Hintergründe der zu beobachtenden Trends

Nach Auswertung des Zweiten Periodischen Sicherheitsberichtes des Bundesministeriums des Innern ist es seit 1990 weder zu einem Anstieg noch zu einer Brutalisierung der Gewaltkriminalität junger Menschen gekommen. Es ist vermutlich „nur" zu einem Anstieg der Sichtbarkeit der Kriminalität junger Menschen gekommen. Ein wichtiger Grund hierfür dürfte die veränderte Bewertung von Gewalt sein. So wird Gewalt als Mittel der Erziehung zunehmend abgelehnt: Das „Recht des Kindes auf gewaltfreie Erziehung" ist seit 2003 im Bürgerlichen Gesetzbuch verankert. Ebenso sinkt die Akzeptanz und Befürwortung von Gewalt als Mittel der Konfliktaustragung unter Jugendlichen, und zwar sowohl bei jungen Menschen selbst als auch bei ihren Bezugspersonen und in der Öffentlichkeit. In einem solchen Klima größerer Sensibilität für Gewalt und deren Ablehnung ist auch eine erhöhte Aufmerksamkeit für derartige Phänomene zu erwarten. Ferner werden, wie erwähnt, Gewaltvorfälle im schulischen Zusammenhang häufiger zur Anzeige gebracht.

Ein weiterer Faktor ist – neben Maßnahmen gegen Rechtsextremismus und Ausländerfeindlichkeit sowie Drogenmissbrauch – die Gewaltvorbeugung bei jungen Menschen. In den letzten Jahren wurden zahlreiche Ansätze in dieser Richtung konzipiert wie erprobt und auf breiterer Ebene zur Anwendung gebracht. Hierbei spielt die Polizei eine zentrale Rolle. Sie führt flächendeckend und bundesweit eigene Präventivprojekte durch, die außerhalb des schulischen Kontextes stattfinden; außerdem gibt es in allen Bundesländern erhebliche Bemühungen zu einer Intensivierung der Kooperation zwischen Polizei und Schule. Infolgedessen ist zu erwarten, dass sich die Quote der Mitteilungen über Gewalt noch weiter steigern wird.

Besonders hervorzuheben sind die in den letzten Jahren gesteigerten Aktivitäten zur schulischen Gewaltvorbeugung. Das Spektrum der Vorbeugungs- und Interventionsmaßnahmen ist hier nahezu unüberschaubar geworden. Die Konzepte umfassen spezifische, auf schulische Gewalt ausgerichtete Ansätze, die Normverletzungen im schulischen Kontext aufgreifen und gezielt bearbeiten, wie auch allgemeinere Formen sozialen Lernens, die sich der Schule in erster Linie als eines geeigneten Orts bedienen, an dem junge Menschen leicht erreicht werden können. Hier geht es im Rahmen des allgemeinen Erziehungsauftrages der Schule um Normen- und Wertevermittlung sowie die Einübung von Toleranz und Konfliktfähigkeit. Weiter wurde in den letzten Jahren begonnen, Präventionsmaßnahmen auszuweiten, die sich auf Kindergarten- und jüngere Schulkinder konzentriert. Solche Maßnahmen zur Vorbeugung gehen Hand in Hand mit einer gesteigerten Aufmerksamkeit der Öffentlichkeit für entsprechende Phänomene, einem wachsenden Problembewusstsein und damit auch der Möglichkeit vermehrter Sichtbarkeit.

Zusammenfassend lassen sich keine Entwicklungen in der Kriminalität junger Menschen ablesen, die Anlass für eine Ausdehnung des strafrechtlichen Zugriffs oder eine

Verschärfung der Jugendstrafverfolgung geben. Es findet sich weder ein Anstieg der Gewalttaten noch eine Steigerung des durchschnittlichen Schweregrades. Im Gegenteil, zahlreiche Studien bescheinigen der formellen Sanktionierung überwiegend negative Auswirkungen: Strafschärfende Maßnahmen, Warnschussarrest und Erziehungslager scheinen die Gewaltkarrieren von Jugendlichen nicht unerheblich zu fördern. Die Rückfallquote der Jugendlichen ist hier umso höher, je intensiver die Bestrafung war. Weder die kurzzeitige Arrest noch andere Maßnahmen, die darauf abzielen, Jugendliche durch eine Art „Schock" von weiteren Straftaten abzuhalten, haben sich bewährt. Im Gegenteil, es war eher ein negativer, gewaltfördernder Effekt zu beobachten.

Risikogruppen und entwicklungsorientierte Frühvorbeugung

Viele Maßnahmen der Gewaltvorbeugung in und außerhalb der Schule sind sehr wirksam. Dennoch gibt es eine kleine Gruppe junger Menschen, die – teilweise bereits im frühen Kindesalter beginnend – mehrfach und mit massiven Delikten auffällig wird. Diese Gruppe ist nicht nur für einen großen Teil der von jungen Menschen begangenen Gewalttaten verantwortlich, sie trägt auch ein deutlich erhöhtes Risiko einer längerfristigen kriminellen Karriere. Diese Kinder und Jugendlichen sind in mehrfacher Hinsicht in ihrer Entwicklung beeinträchtigt und zeigen in der Summe eine größere Zahl von Risikofaktoren. Allerdings finden sich in dieser hochbelasteten Risikogruppe auch Kinder und Jugendliche, die sich als resilient erweisen, sich also trotz widriger Umstände positiv entwickeln. Die Schutzmechanismen bzw. protektiven Faktoren dieser Kinder und Jugendlichen sollten weiter erforscht werden.

Aus wissenschaftlicher Sicht ist eine Absenkung des Strafmündigkeitsalters abzulehnen, weil das bestehende Jugendstrafrecht völlig ausreicht (sofern es mutige Richter gibt, die es voll ausschöpfen). Von der Tatsache, dass in der kleinen Gruppe der langfristig massiv strafrechtlich auffälligen Personen viele bereits im Kindesalter auffällig waren, ist die Folgerung abzuleiten, dass eine frühe Vorbeugung und Intervention von entscheidender Bedeutung ist. Förderprogramme sollten schon vor dem achten Lebensjahr beginnen und Kinder in Familien, Kinderkrippen/Kindergärten und Grundschulen ansprechen. Solche Förderprogramme haben sehr gute Erfolgsaussichten, was durch erste Studien belegt wird.

Zauberwort Frühförderung

- Kinder und Jugendliche sollten frühzeitig in folgenden Bereichen intensiv gefördert und gefordert werden:

- Resilienz: innere Widerstandsfähigkeit

- Empathiefähigkeit: die Fähigkeit, Gefühle bei sich und anderen wahrzunehmen, möglichst genau zu benennen und der Situation angemessen auszudrücken

- Fähigkeit zur Selbstkontrolle: Selbststeuerungsfähigkeit und Selbstmanagement

- Stress- und Affektmanagement (und auch Zeitmanagement)

- soziale Fertigkeiten in der Wahrnehmung und Handhabung von Konflikten (Konfliktmanagement)

- schulisches Lernen: Lernen lernen und Gedächtnistraining

- Intelligenzentwicklung

- Wissensvermittlung

- Selbstvertrauen und Selbstsicherheit (auch Selbstverteidigung)

- emotionales Bindungsverhalten zu den Eltern und auch zu normkonformen Bezugspersonen innerhalb und außerhalb der Familie

- Sicherung von sozialer Anerkennung und Vertrauen

- Selbstwirksamkeit und Teilhabemöglichkeiten in der Gesellschaft.

Der bisherige Umgang mit massiv auffälligen und kriminellen Kindern und Jugendlichen im Bereich der Jugendhilfe, Schule und Polizei ist nach vorliegendem Wissensstand dringend verbesserungsbedürftig. Erforderlich sind eine fachkompetente und frühzeitige Abklärung von erforderlichen Behandlungsmaßnahmen sowie Maßnahmen zur Unterstützung von Familien mit auffälligen Kindern. Dies setzt eine kompetente Entwicklungs- und Familiendiagnostik einerseits sowie die tatsächliche Verfügbarkeit entsprechender Behandlungsoptionen andererseits voraus.

Weiter ist eine frühzeitige, zielgerichtete Vorbeugung vonnöten, so etwa entwicklungsorientierte, schon im Kindergarten einsetzende Programme, die auf bekannte Risikofaktoren bzw. die Aktivierung von Schutzmechanismen abzielen, also Resilienzfaktoren fördern. In der Praxis bewährt haben sich bisher verhaltenstherapeutische Programme, die das soziale Verhalten der Kinder einerseits und die erzieherischen Kompetenzen der Eltern und Kindergärtnerinnen andererseits fördern. Internationale Befunde belegen, dass auch schon die gezielte Betreuung in der Schwangerschaft werdende Mütter aus Risikogruppen unterstützt, ihr Gesundheitsverhalten und ihre Erziehungs-

fähigkeit geschult werden, was langfristig die Gewalt gegen gefährdete Kinder erheblich reduziert und so eine dauerhafte kriminelle Entwicklung unterbindet. Weiterhin mindert eine frühe Förderung der intellektuellen und sozialen Kompetenzen eines Kindes die Risiken abweichenden und kriminellen Verhaltens.

Besonders erfolgreich sind frühe Vorbeugungsprogramme, wenn sie neben den Kindern selbst auch deren soziales Umfeld mit einbeziehen (Erzieher, Lehrer, Eltern) und zusätzlich auf kommunaler Ebene in ein Maßnahmenpaket eingebettet sind, das auch die sozialen Rahmenbedingungen des Aufwachsens in den jeweiligen Gemeinden und Stadtteilen in den Blick nimmt. Jeder Euro, der in frühe Vorbeugeprogramme investiert wird, spart ein Vielfaches der durch Kriminalität verursachten Kosten. Frühe Vorbeugung hat eine Langzeitwirkung. Vorbeugungs- und Fördermodelle müssen aber sehr sorgfältig geplant sein, um negative Effekte zu vermeiden.

Die vielfältigen Aktivitäten in den Schulen, Kommunen und Ländern zeigen überzeugende Erfolge und sollten auch in der Zukunft weiter intensiviert werden. Das sollte alle ermutigen, die sich im Bereich der Vorbeugung engagieren und Verantwortung übernehmen. Polizei, Jugendhilfe, Staatsanwaltschaft und Gerichte sollten weiter kooperieren, um schwerwiegende Entwicklungsauffälligkeiten frühzeitig zu erkennen. Auch das geltende Jugendstrafrecht hat sich bewährt. Es bietet ausreichende und angemessene Möglichkeiten zur flexiblen Verfahrensgestaltung und zur differenzierten Sanktionierung von Straftaten junger Menschen. Auch wenn sich die Kriminalitätsentwicklung von Kindern und Jugendlichen nicht dramatisch verändert hat, sind Besorgnis erregende Entwicklungen in einzelnen regionalen und stadtteilbezogenen Problembereichen nicht von der Hand zu weisen. Auch hier ist es unerlässlich, weitere präventive Maßnahmen (auch ambulanter Art) zu entwickeln.

Mikoto-Do: Der Weg der Worte

Körperliche Gewalt beginnt in fast allen Fällen mit verbaler Gewalt, etwa in Form von Provokationen oder Beleidigungen. Wer bereits hier Mittel und Wege findet, Gewalt zu kanalisieren – nämlich mithilfe von Kommunikationsstrategien –, ist im Vorteil. Es ist nicht wichtig, wo auf dem Weg (japanisch do) man sich gerade befindet, sondern allein, dass man sich auf den Weg begibt und sich mit der Problematik auseinandersetzt: Das ist der Prozess – der Weg. Mikoto-Do ist der Weg der kommunikativen Möglichkeiten, kritische Situationen zu meistern, ohne kämpfen zu müssen. Mikoto-Do ist ein Teil des Weges im Karate-Do.[10]

Bewusstsein ist bewusstes Sein

Bewegung galt und gilt in allen Kulturen und zu allen Zeiten als hervorragendes Mittel zur Erhaltung und Wiederherstellung körperlicher, seelischer und geistiger Gesundheit. Gesund ist ein Mensch dann, wenn er sich körperlich, seelisch und sozial im Gleichgewicht befindet, so die Definition der Weltgesundheitsorganisation WHO.

Besonders der Beitrag der fernöstlichen Bewegungsformen zur Persönlichkeitsbildung und Heilung ist als universelles Kulturgut zu betrachten. Die Bu-Do-Künste, in denen Karate-Do einen breiten historischen Raum einnimmt, sind hierzulande leider oft nur unter dem Stichwort Kampfsport bekannt. Das japanische Wort bu-do, zu deutsch „Kampfkunst", bedeutet aber von den Schriftzeichen her gesehen viel mehr: nämlich einen Weg (do), um eine Waffe (Schwert, Lanze, Hände, Füße) zu stoppen (bu).

Budo ist also kein Weg, um den Gebrauch von Waffen zu erlernen (wie aus dem Wort „Kampfkunst" abgeleitet werden könnte), sondern, um ihn zu verhindern (durch Veränderung der Wahrnehmung, Kommunikation, Taktik und Techniken). Es ist ein friedlicher Weg, auf dem kognitiv, emotional und pragmatisch erlernt werden kann, wie man zu einem bewussteren Umgang mit Gewalt und der Bewältigung von Gewalt und Gewaltmissbrauch gelangt. Das pädagogische, therapeutische, prophylaktische, rehabilitative und erlebnispädagogische Potenzial wird dabei oft nicht ausreichend gewürdigt und zur Kenntnis genommen. Dabei sind gewalttätige Angriffe auf Mädchen, Frauen, Ältere und Schwächere mittlerweile leider zum Bestandteil des sozialen Alltags geworden. Aus dem nachfolgend vorgestellten Konzept zur Selbstbehauptung und Selbstverteidigung von Mädchen und Jungen an Schulen wird deutlich, dass Budo eine sinnvolle Maßnahme ist, um gar nicht erst in Situationen zu gelangen, die traumatische Akzente setzen können.

Konzept zur Selbstbehauptung und Selbstverteidigung für Mädchen

Gewaltvorbeugung durch Anti-Opfer-Signale

Vorbeugen ist der beste Schutz, denn damit kann verhindert werden, dass der Täter überhaupt erst zum Angriff übergeht: Durch selbstbewusstes Verhalten werden Anti-Opfer-Signale ausgestrahlt: „Ich bin kein Opfer!"

Ein klares und unmissverständliches Nein signalisiert dem Täter einen klaren Standpunkt und im Ernstfall die Bereitschaft und den festen Willen zur Gegenwehr (denn Täter suchen Opfer und keine Gegner).

Der Körper verleiht dem Nein den nötigen Ausdruck: aufrechter Gang, Brust raus, Kopf hoch, fester Blick.

---

10 www.mikoto-do.de

Kritische Reflexion von Geschlechterrollen in unserer Gesellschaft und deren Auswirkungen auf den Einzelnen

- Rollenverständnis, Selbstdefinition

- Soziokulturelle und anthropologische Voraussetzungen für die entwicklungspsychologische Identitätsbildung bei Mädchen und Frauen

- Definition eigener Wünsche, Bedürfnisse

- Bewusste Auseinandersetzung und Reflektion des eigenen Rolleninventars und Rollenrepertoires zur Ausbildung einer bewussten Rollenidentität und Handlungssicherheit.

Kommunikations- und Manipulationsformen

Ziel einer Manipulation ist es, den anderen in seiner Sicherheit zu schwächen und die eigenen Interessen durchzusetzen. In Rollenspielen werden verschiedene Manipulationsstrategien deutlich:

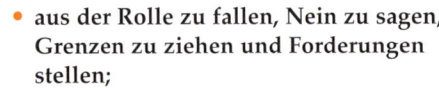

- **aus der Rolle zu fallen, Nein zu sagen, Grenzen zu ziehen und Forderungen stellen;**

- **zu erpressen, zu drohen;**

- **das Nein des anderen zu ignorieren;**

- **den anderen einzuschüchtern;**

- **ihm zu schmeicheln;**

- **manipulative Kritik.**

Eine erfolgreiche und zielgerichtete Kommunikation hängt nicht nur vom guten Willen ab, sondern vor allem von der Fähigkeit zu durchschauen, welche seelischen Vorgänge ablaufen und zwischenmenschlichen Störungen entstehen können, wenn zwei Menschen aneinander geraten.

Interaktions- und kommunikationspsychologische Grundkenntnisse helfen, Sach- und Beziehungsklärungen vor allem in kritischen Situationen zum Schutz der eigenen Person erfolgreich durchführen zu können. Das Beherrschen verschiedener Kommunikationstechniken und -stile gehört zur Grundlage einer selbstsicheren Persönlichkeit.

Die Einschätzung kritischer Situationen

Die innere und äußere Wahrnehmung dient der Informationsverarbeitung von Umwelt- und Körperreizen mit dem Ziel, das eigene Überleben zu sichern. Je höher entwickelt die Wahrnehmung eines Menschen ist, desto besser kann er komplexe Situationen richtig einschätzen und das eigene Handeln besser kontrollieren;

- **Konflikte können besser kommuniziert und kritisch reflektiert werden, wenn**

- **Verhaltensmuster in latenten Gefahrensituationen verfügbar sind,**

- **Gefahrenerkennung schon vorher spielerisch geübt ist,**

- **der Umgang mit Überraschungseffekten geprobt wurde,**

- **Gefahren, die man schon einmal trainiert oder besprochen hat, wiedererkannt werden können.**

Bewältigungsmuster für gewalttätige Grenzüberschreitungen

Verhalten und Handeln eines Menschen werden bestimmt von seinen Lernerfahrungen und seinen Erwartungen. Als kleinstes kontrollierbares Ausdrucks- und Handlungsfeld ist der Körper abhängig vom Erfahrungswissen, das sein Denken, Fühlen und Handeln bestimmt.

* **Umgang mit/oder Reaktion auf „Anmache" oder Übergriffe.**

Geschlechts- und altersspezifische Selbstverteidigungstechniken

In diesem Segment werden Kniffe und Tricks zur Vorbeugung vermittelt, die letztlich zum hilfreichen Selbstschutz befähigen sollen. Formen der alltäglichen Gewalt und der mögliche Umgang damit werden vorgestellt. In erster Linie werden Abwehrmethoden auf die häufigsten Angriffsformen gelehrt. So geht es um den Schutz von Kopf und Brustbereich, die Täter attackieren, um das Opfer zu demütigen und unterzuordnen.

Willensübungen

Die Mädchen lernen, mithilfe der richtigen Haltung die Stärke zu entwickeln, ihre Interessen durchzusetzen bzw. ihre eigene Aggression zur Verteidigung zu nutzen.

Konzept zur Selbstbehauptung und Selbstverteidigung für Jungen

Grundsätzlich finden die Konzeptinhalte des Konzeptes für Mädchen auch in der Schulung für Jungen Anwendung. Aus dem kulturgeschichtlichem Hintergrund des Karate werden die ethischen Werthaltungen der japanischen Samurai zum begleitenden Inhalt der Stunden gemacht: Fairness, Kameradschaft, Treue und Aufrichtigkeit.

Das Training in kommunikativen Konfliktsituationen wird am Modell der „Ich-Botschaft" geübt. Das Antiaggressionsmodell auf sporttherapeutischer Basis ist Grundlage des Konflikttrainings in der Körperarbeit. Elemente des Trainings sind:

* **Jungen als Opfer, Jungen als Täter,**

* **Verhältnis von Jungen und Mädchen zur Gewaltanwendung,**

* **Umgang mit dem eigenen Gewalterleben,**

* **Angst als bewegungshemmender Faktor,**

* **Umgang mit angstauslösenden Momenten,**

* **Steigerung des Durchsetzungsvermögens,**

* **Praktiken zum Aufbau des Selbstvertrauens,**

* **Wahrnehmung des Körpers, seiner Fähigkeiten und Grenzen,**

* **Klärung der eigenen Rolle.**

Westliche Wissenschaft und asiatische Denkweise können sich in der Gewaltvorbeugung sinnvoll ergänzen. Während gewisse kulturelle und historische Entwicklungen natürlich nicht zu adaptieren sind, können wir uns fragen, welche grundlegenden Ansätze für den Umgang mit Gefahrensituationen sich aus den Kampfkünsten und der klassischen Selbstverteidigung ableiten lassen.

Lehre und Leere des Zen

Der asiatische Sinnspruch „Begreife mit dem Körper" beschreibt den Versuch, über den Körper zu einer personalen Ganzheit zu gelangen. Die auf den Gesetzen der maximalen Wirkung beruhende Kampfkunst schult dabei das Verhalten, die körperliche Erfahrung beeinflusst die Denkweise. Körper und Geist sollen sich in vollendeter Harmonie dem anstehenden Problem stellen. Es geht darum, frei zu sein, „leer" zu sein von überholten oder überlagerten Denkmustern und tradierten Prinzipien.

In unserer westlichen Kultur wird der Intellekt seit Jahrhunderten überbetont. Das Training der Kampfkunst Karate kehrt zu einer Integration von Körper und Geist zurück – sie ist der entscheidende Schlüssel zum Erfolg. Beide, Körper und Geist, befinden sich in einem Abhängigkeitsverhältnis zueinander, das – aufmerksam wahrgenommen und geschickt gelenkt – zu mentaler Stärke und körperlicher Kraft führen soll. Frei nach dem Motto: „Raus aus dem Kopf, rein in den Körper!"

Da der „künstliche" Karatekampf nur durch Ruhe und Konzentration zu gewinnen ist, stellt er eine gute Schule für „echte" Selbstverteidigungssituationen dar. Die künstlichen sowie die echten Kämpfe sind jedoch nur zu gewinnen, wenn der Kämpfer zu einer realen Einschätzung der Situation und seiner selbst fähig ist. Dazu muss er sich folgende Fragen beantworten können:

- Wo befinde ich mich?

- Bin ich allein oder habe ich Chance auf Hilfe?

- Was will der Täter von mir?

- Ist der Täter angetrunken? (Dann erhöht sich seine Schmerzschwelle.)

- Wie war das noch? Ich habe das doch schon mal trainiert!

- Kann ich weglaufen? Wohin?

Nur eine richtige Selbsteinschätzung ermöglicht auch eine korrekte Wahrnehmung der Umwelt, in diesem Falle des Täterverhaltens. Gerade hier ist der gewaltpräventive Schlüssel bei körperlichen Angriffen zu suchen. Wer jedoch sich und seine Umwelt korrekt wahrnehmen will, muss in der Lage sein, sich auf das jeweils naheliegendste Problem zu konzentrieren, ohne sich ablenken zu lassen.

Konzentration, Meditation und die Auseinandersetzung mit sich selbst werden im Zen-Buddhismus gefördert. Die starke Reflexion, die Grundlage der Übungspraxis ist, kann in Selbstverteidigungssituationen entscheidend einwirken.

Die Philosophie des Wegs

In der Zen-Philosophie des Wegs (Do) ist nicht das vordergründige Ziel von Bedeutung – wesentlich sind die Erfahrungen auf dem Weg dorthin. Bestimmtes Können oder Fertigkeiten sind zweitrangig. Im Vordergrund steht die Entwicklung der inneren Haltung und Selbsterkenntnis. Das Beherrschen von Techniken ist sozusagen nur ein Abfallprodukt jahrelangen Übens, mit dem versucht wird, die innere Reife zu erlangen. Entscheidend ist also, dass man sich auf den Weg macht, sich in den Prozess des Übens begibt.

Notwendig ist immer wieder die äußere Standhaftigkeit und Treue zu den selbstgesteckten Zielen. Der chinesische Philosoph Kung Fu Tse, lateinisch Konfuzius (551–479 v. Chr.), entwickelte diese Staatslehre, die mit ihren Pflichten und Etikette in der Familie, in der Öffentlichkeit und am kaiserlichen Hof China über 2000 Jahre lang prägte. Weitere Bereiche der Lehre flossen in den Moralkodex der Samurai ein: Treue gegenüber dem Lehnsherren, Verehrung des Meisters, Vorbildfunktion.

Die in der Do-Philosophie geforderte Selbstdisziplin führt zum Erwerb von Gleichmut gegenüber den Wechselfällen des Alltages. Hier leistet der Zen-Buddhismus grundlegende Hilfestellungen. Seine Lehren und Praktiken sind auf die Selbstwesensschau gerichtet und betonen die Nutzlosigkeit religiöser Rituale sowie die intellektuelle Auseinandersetzung mit der Lehre. Die Natur steht im Mittelpunkt, der Mensch ist ein unbedeutender Teil von ihr. In Harmonie mit der Natur zu sein, ist Ziel des Zen-Buddhismus. Denn sie ist der Lehrmeister für eine allumfassende Betrachtungsweise des Lebens.

Das Wesen des Zen: Harmonie und Friede ist dort, wo du der Stille lauschen kannst

1. **Ganz in der Situation sein:**

   - das, was man tut, ganz tun

   - wachsam sein

   - aufmerksam sein

   - genaue Wahrnehmung mit allen Einzelheiten

   - ganz im Hier und Jetzt sein

   - nur diese Situation ist entscheidend

   - das Leben ist eine Abfolge von Hier und Jetzt

   - situationsangemessenes Handeln

   - kein unnötiges Tun

   - spontan und intuitiv sein.

2. **Den Geist (nicht Verstand, sondern Bewusstsein) sammeln:**

   - kein logisches, lineares Denken

   - keinen Gedanken nachhängen

   - Gedankenflut abblocken

   - intuitiv handeln

   - handeln aus dem Bauch heraus

   - Konzentration

   - das Bewusstsein ausrichten

   - sammeln und konzentrieren auf das Objekt.

3. Innere Haltung annehmen:

• innerlich loslassen, nichts wollen, nichts erzwingen

• „es" handeln lassen, sich der Situation übergeben

• das Ego aufgeben

• Machtgelüste aufgeben

• sich ganz einlassen

• direktes, offenes, unmittelbares Erleben

• nicht an der Oberfläche stehen bleiben

• andere achten und wertschätzen

• Zurückhaltung

• Demut

• Bescheidenheit

• Körperwahrnehmung.

„Zufriedenheit kommt, wenn die Selbstzufriedenheit überwunden ist."

Gewaltpräventive Ansätze des Zen

Der Weg des Zen lehrt die Überwindung des Ich: Ichlosigkeit soll erreicht werden. Es werden Kräfte frei, die bisher vom Willen überlagert und behindert wurden und die sich willentlich nicht freilegen lassen. Die Überwindung des Ich führt zu wu, geistiger Leere. Leere ist nicht im Sinne eines Vakuums zu verstehen, sondern ist der Zustand vollkommenen Bewusstseins.

Diese Leere ist Grundlage allen Handelns. Leer zu sein bedeutet, frei zu sein von störenden Einflüssen und Ängsten. Angst ist derjenige Faktor bei Angriffen und Übergriffen, der das gelernte Handeln eingrenzt. Ist sie im Bewusstsein, sind die Selbstverteidigungs-situationen mental unter Kontrolle. Wege zu diesem Ziel sind meditative Übungen.

Durch die Leere wird alles Störende aus der Situation ausgefiltert; nun kann die Lage analysierend beurteilt werden, ohne dass Gefühle zugelassen werden müssen. Gefühle trüben das reale Erfassen des Augenblicks. Angst und Unsicherheit entstehen aus dem Bewusstsein, die Situation nicht vollständig zu kennen. Als einschneidend wird die Option erlebt, anders handeln zu können. So berichten Teilnehmerinnen und Teilnehmer von Selbstverteidigungskursen, dass gerade die Überwindung der Angst der entscheidende Schlüssel zum Handeln gewesen sei, wenn sie Gewalt ausgesetzt waren. Die gelernten körperlichen Handlungen seien hingegen nie ein Problem gewesen, auch wenn in der Situation, die ja ohnehin von einem hohen Erregungszustand begleitet ist, die Techniken nicht mit der trainierten Präzision ausgeführt wurden.

Infolge des Karatetrainings dominierte also nicht mehr die Angst die Situation, sondern geordnete Denkprozesse übernahmen mehr und mehr die Führung. Die Wahrnehmung funktionierte, und Selbstverteidigungstechniken kamen in Erinnerung zurück und wurden angewendet. Dies kann durch eine Kombination aus Atmung und mentaler Eigenprogrammierung erreicht werden: „Mein Ich empfindet die Situation nicht als Gefahr!"

Verhalten in Selbstverteidigungssituationen

In den frühen 1970er-Jahren wurde Frauen geraten, bei gewalttätigen Übergriffen (insbesondere in Vergewaltigungssituationen) beruhigend auf den Täter einzuwirken. Sie sollten sich auf keinen Fall körperlich zur Wehr setzen, sondern ausschließlich kommunikative Mittel einzusetzen, um den Täter von seinem Vorhaben abzubringen. Der Stand der Wissenschaft beweist heute genau das Gegenteil. Zahlreiche Untersuchungen haben bewiesen, dass heftige Gegenwehr in jeder Form (Schlagen, Treten, Beißen, Kratzen, Schreien) in 84 Prozent der Fälle den Täter dazu veranlasste, von seinem Vorhaben abzulassen und zu flüchten.

Silke, 12 Jahre: „Der junge Mann hatte mich mit obszönen Offerten behelligt und hielt mich an der Jacke fest. Ich konnte mich nicht mehr frei bewegen! Das rief die Angst hervor! Doch mit dem ersten Tritt spürte ich Befreiung; ich schlug noch mit dem Schlüsselbund nach und lief weg! Ich fühlte mich gut!"

Toni, 77 Jahre: „Es war in der Straßenbahn, ein angetrunkener Randalierer wurde bei einer neben mir sitzenden Dame ohne Vorwarnung handgreiflich. Von meinem Sitzplatz aus trat ich wie selbstverständlich in die Kniekehle des gewalttätigen Mannes. Er kam zu Fall, und die Situation war bereinigt! Ich brauchte gar nicht viel zu überlegen, die Technik stand ohne Nachdenken zur Verfügung."

Eva, 28 Jahre: „Es war im Parkhaus an meiner Arbeitsstelle. Ich schloss gerade meinen PKW auf, als der Typ plötzlich hinter mir stand und mich umfasste. Ich schrie, schlug, kratzte und biss. Meine Bewegungen kamen mir nicht sofort in Erinnerung, aber ich wusste noch: Schreien und Wehren. Das hat geholfen. Der Typ rannte weg."

Natalie, 17 Jahre: „Es war nach eine Geburtstagsfete, ich wollte nach Hause. Vier männliche Gäste boten mir an, mich in ihrem Kleinwagen mitzunehmen. Drei waren angetrunken. Ich erinnerte mich an die Übung aus dem Selbstverteidigungskurs. Wir mussten uns in einen Kleinwagen auf die Rückbank zwischen zwei Männer setzen. Wir erlebten, wie hilflos man in dieser Situation ist. An dieses Gefühl der Hilflosigkeit konnte ich mich gut erinnern. Ich stieg nicht zu ihnen ein und fuhr mit dem Bus".

Sven, 8 Jahre: „Ich finde in den Selbstbehauptungskursen das Autospiel gut. Da sitzt dann ein Trainer mit den Kindern auf einer Bank. Ein anderer Trainer kommt mit seinem Auto und fragt nach einer Straße und ob wir einsteigen und mitfahren. Ich muss dann immer sagen: ‚Nein, ich steige nicht in fremde Autos!' Ich würde nie zu Fremden ins Auto steigen"!

„Licht zeigt dem Schatten die Grenzen, der Schatten zeigt die Grenzen des Lichts."

Was der Osten den Westen lehren kann

Ein konzentrierter Geist ist nicht gleich ein aufmerksamer Geist! Nur der Geist, der sich im Zustand des Bewusstseins befindet, kann sich konzentrieren. Denn Bewusstsein schließt nichts aus, sondern alles ein. Dieses Ziel des Karate-Do, nämlich die Fähigkeit, sich durch nichts ablenken zu lassen, wird unterstützt durch die äußere Haltung, ein ausgeprägtes Gefühl für die Präsenz zu haben (entspannt, willensstark, selbstbeherrscht zu sein).

Galt das analytische abendländische Denken früher als geistige Maxime, so stehen wir heute vor der „Ohnmacht der Vernunft". Wir stoßen mit unserer Denkweise an die Grenzen unserer gesellschaftlichen und individuellen Erfahrungsmöglichkeiten. Emotionale Intelligenz gewinnt gegenüber rationaler Intelligenz wieder an Bedeutung. Emotionale Intelligenz als das „Prinzip der Achtsamkeit" schlägt eine Brücke zu uralten asiatischen Denk- und Handlungsmustern. In unserer Kulturgeschichte sind auch wir kämpferisch bestimmt. Während der Europäer jedoch der Kraft oft nur Widerstand entgegensetzte, entwickelten sich die asiatischen Kampfformen nach anderen Gesetzmäßigkeiten. Kräfte werden ab- und umgeleitet in Bereiche, in denen sie keine Wirksamkeit mehr entwickeln können. Ein zentraler Begriff vieler Kampfstrategien ist ju („sanft"). So ist es nur allzu verständlich, dass abendländische Denkmuster oft nicht genug Raum für alternative physische und kognitive Verhaltensformen bieten.

Die Bereitschaft zu lernen, sich auf den Weg zu machen, ist in den letzten Jahren auch im Westen vermehrt zu beobachten. Karate- und Selbstverteidigungskurse für Frauen, sogar für Senioren sind mittlerweile stark gefragt. Viele Menschen haben erkannt, dass die Auseinandersetzung mit Körper und Geist nicht nur Sicherheit vermittelt, sondern auch sichtbar und spürbar die Gesundheit verbessert. Einer der Hauptgründe für das stark zunehmende Interesse von Frauen und Mädchen an Selbstverteidigungskursen hat sicherlich mit der täglichen Konfrontation mit Gewalt in den Medien zu tun. Aufgabe der Karatekurse ist es, den Frauen und Mädchen verantwortungsvoll die Angst und das Gefühl der Hilflosigkeit zu nehmen und sie durch Sicherheit zu ersetzen.

Lernen mit Bildern und Beispielen aus der Natur

1. So sein wie Wasser

- Wasser steht für Bewusstsein, weil seine Eigenschaften denen des bewussten und unbewussten Geistes sehr ähneln:

- Ruhe und Aktivität,

- weichend, aber nie zurückweichend,

- Hindernisse umgehend oder mitreißend.

2. Sich verhalten wie Bambus

- „Was nutzt es, wenn man trotzig aufrecht steht und dann bricht; viel besser ist es, Stärke für die Zeit nach dem Sturm zu bewahren!"

- Übertragen auf die Selbstverteidigungssituation bedeutet das, zunächst so zu tun, als ob man sich dem Willen des Angreifers beugt (also nachgeben), um dann in einem günstigen Augenblick entscheidend und wirkungsvoll zuzuschlagen.

Fazit

Trainings zur Gewaltvorbeugung wollen die Teilnehmer darin schulen, die momentane emotionale Befindlichkeit „auszublenden" und durch strategisch geordnete Denkprozesse zu ersetzen. Gefühle der Hilflosigkeit und des schutzlosen Ausgeliefertseins bekommen keinen Raum. Es geht vielmehr darum, eine selbstreflektierende Situationswahrnehmung (das beobachtende Ich) mit Methoden des Biofeedback (Wahrnehmung von Körperempfindungen) zu verbinden.

Karate-Do ist also ein friedlicher Weg, auf dem jeder Einzelne kognitiv, emotional und pragmatisch erfahren kann, dass er maßgeblichen Einfluss auf Wahrnehmung, Kommunikation und Handlungen hat. Mithilfe konkreter Übungen aus der Karateselbstverteidigung werden soziale Kompetenzen erlangt und verbessert. Indem die körperlichen Fähigkeiten zunehmen, entsteht ein Gefühl der inneren Stärke und der Achtung vor anderen Menschen. Es ist diese wachsende Selbstsicherheit und Selbstbehauptung, die schließlich in einen bewussteren Umgang mit Gewalt und der Bewältigung von Gewalt mündet.

Charta für eine gewaltfreie Kindheit und Jugend

Dies sind unsere Forderungen zur langfristigen Entwicklung einer gewaltfreien und zukunftsfähigen Gesellschaft:

1. Die Persönlichkeitsentwicklung in Schule und Kindergarten braucht mehr Raum.

2. Lebendiges Lernen und das Lernen lernen sollten im Vordergrund stehen.

3. Neue Formen der Leistungsbewertung sollten erprobt werden.

4. Gewaltvorbeugung muss zum Anliegen aller werden.

5. Schwer gewalttätige jugendliche Täter müssen härter bestraft werden.

6. Familien und Kinder müssen ins Zentrum der Politik gerückt werden.

7. Die Kinder sollten im Mittelpunkt der Familie stehen.

8. Wertschätzung, Vertrauen und Bindungsverhalten innerhalb der Familie müssen gestärkt werden.

9. Die Opfer und ihre Rechte müssen gestärkt werden.

10. In Ballungsgebieten der Gewalt muss es mehr soziale Kontrolle und Gemeinwesenarbeit geben.

11. Polizei, Schule, Jugendamt und Sozialamt müssen effektiv, zielgerichtet und ergänzend zusammenarbeiten, wenn es um bestimmte kriminelle Jugendliche geht.

12. Gesellschaftlich akzeptierte Vorbilder müssen gemeinschaftlich entwickelt werden.

13. In Bildungsmaßnahmen muss mehr und frühzeitiger investiert werden.

14. Wir sollten für eine bessere Vereinbarkeit von Familie und Beruf sorgen.

15. Emotionale Intelligenz, Kreativität, Sport und Lesen müssen vermehrt gefördert werden.

16. Wir sollten uns darauf konzentrieren, unseren Kindern wieder Werte zu vermitteln.

17. Sozialisierung sollte auch über Sport (z. B. Karate) erfolgen.

18. Es sollte bessere Stützangebote (individuelle Förder- und Selbstlernprogramme für Schülerinnen und Schüler) für alle Schulformen geben.

19. Der Staat sollte mehr in Schulen als in Gefängnisse investieren.

20. Kinder aus Problemfamilien müssen intensiver betreut und gefördert werden.

21. Früherkennung von potenziellen Gewalttätern kann schon in Kindergarten und Grundschule beginnen.

22. Das Anzeigeverhalten muss sich noch weiter verbessern.

23. Risikogruppen müssen frühzeitig erkannt und einer entwicklungsorientierten Frühvorbeugung zugeführt werden.

24. Gewalt und aggressive Konfliktlösungen müssen als eine soziale Epidemie ins Bewusstsein unserer Gesellschaft gerückt und stigmatisiert werden.

25. Die Gesellschaft muss aus der emotionalen und sozialen Taubheit aufwachen. Sie darf nicht länger Augen und Ohren vor Gewalt in der Familie verschließen, damit die Hilferufe der Opfer nicht ungehört verhallen.

26. Unsere Kinder sollten in einem gesell-schaftlichen Klima voller Vertrauen, Wertschätzung und Angstfreiheit aufwachsen. Nur schwache Menschen werden gewalttätig; starke Kinder haben Gewalt nicht nötig.

27. Werte und humanitäre Einstellungen müssen von Generation zu Generation neu gelernt und weitervermittelt werden.

28. Wir brauchen eine Gesellschaft, die für „strukturelle Geborgenheit" sorgt und in der alle verantwortungsvolle „soziale Mütter und Väter" für die Kinder sind: Eltern, Polizei, Schule, Lehrer, Kindergarten, Jugendhilfe, Politik, Industrie und Medien müssen Verantwortung für Aggression und Gewalt von Kindern übernehmen und sie nicht dem anderen zuschieben („Verantwortungsdiffusion").

29. Eine sinnvolle Vorbeugungsarbeit mit Kindern und Jugendlichen muss die ganze Breite der Förderung umfas-sen und vor allem auf die Entwicklung sozialer und emotionaler Kompetenzen setzen.

Vielleicht wird die Vision vom Curry-Kater eines Tages wahr

30. Die Schulen sollten vor allem ganz-heitliche Konzepte umsetzen, die für ein verändertes Schulklima sorgen. Hierzu ist es erforderlich, dass sich ganze Schulen (und nicht nur einzelne Lehrkräfte) zu einem einheitlichen Vorgehen verpflichten und die Schul-leitungen die Vorbeugung zur Chef-sache machen.

31. Die elterliche Erziehungsfähigkeit muss gestärkt werden: Denn starke Eltern erziehen ihre Kinder zu starken Kindern.

Wir sind gegen

- Warnschussarreste

- Erziehungslager nach amerikanischem Vorbild

- Kriminellen-Export

- eine Absenkung des Strafmündigkeitsalters

- Verantwortungsdiffusion.

Wir sind für

- frühe Förderung

- den Elternführerschein, gekoppelt ans Erziehungsgeld

- Hausbesuche schon während der Schwangerschaft

- mehr männliche Lehrkräfte in Kindergarten und Grundschule

- deutliche Strafen für die Täter

- die Vermittlung von Werten.

Das Curry-Camp

Ein afrikanisches Sprichwort sagt: Man braucht ein ganzes Dorf, um ein Kind großzuziehen. Wir sagen: Man braucht drei ganze Dörfer und drei Jahre, um einem kriminellen Kind eine gewaltfreie Zukunft zu ermöglichen.

Ein Camp ist ein Ort, an dem mehrere Menschen für eine gewisse Zeit provisorisch leben. Lager haben einen kurzfristigen Charakter, können aber durchaus und unter bestimmten Umständen auch für längere Zeit genutzt werden – so wie das „Curry-Camp". Das Curry-Camp kann verglichen werden mit einer Fahrschule, die man besucht, um den Führerschein zu machen. Es gibt den Jugendlichen eine Art „Gebrauchsanweisung" zur Entwicklung von Strategien, Trainings und Vorbeugemaßnahmen gegen Gewalt und Aggressivität an die Hand, die gleichermaßen Körper und Geist schult.

Hierbei geht es vor allem um Nachsozialisierung. Kriminelle Jugendliche verfügen oft über keinerlei tragfähige Sozialisationserfahrung, auf der man aufbauen könnte. Hier gilt es, Grundlagenarbeit zu betreiben und Vertrauen, Beziehung und Bindung zu schaffen. Langer Atem ist also gefragt! Persönliche Verhaltensweisen und Kompetenzen können nicht von heute auf morgen verändert und entwickelt werden. Das ist ein dauerhafter Prozess, der sehr viel Disziplin erfordert und mit dem Curry-Camp nicht beendet ist, sondern sich durch das gesamte weitere Leben zieht. Ausdauer und Geduld sind die Zauberwörter! Es gilt, in permanenter Weiterentwicklung persönliche Kompetenzen sowie positive Einstellungen zu fördern.

Als Unterstützer im Curry-Camp-Prozess sind in erster Linie Lehrer, Erzieher, Jugendleiter, aber natürlich auch Eltern angesprochen. Die Jugendlichen sollen erkennen, dass die Beschäftigung mit dem Thema Gewaltfreiheit in ihrem eigenen Interesse

Die Curry-Camp-Methode

Im Curry-Camp lernen die Jugendlichen, in vier Schritten ihre eigene Identität zu erkennen:

1. Sensibilisieren und Motivieren:
   Worauf kommt es an?
   Was nutzt es mir?

2. Reflektieren:
   Wo stehe ich?
   Wie bin ich?

3. Üben:
   Was sollte ich tun?
   Und wie konkret?

4. Erproben:
   Kann ich das Erlernte anwenden?
   Mit welchem Ergebnis?

erfolgt. Letztendlich sind Selbstmotivation, Selbststeuerungsfähigkeit, Impulskontrolle und persönliche Veränderungsbereitschaft entscheidend für eine gewaltfreie und damit erfolgreiche Zukunft.

Das Curry-Camp gibt Erziehungshilfen für den Lebensalltag von straffälligen und gewalttätigen Kindern und Jugendlichen, die – konsequent angewendet – helfen, Schwächen und Gewalt abzubauen und Stärken und Gewaltfreiheit zu fördern. Das Curry-Camp kann zeitlich begrenzt sein und Projektcharakter haben oder aber auch als längerfristige Interventionsmaßnahme angelegt sein. Doch das Curry-Camp ist kein statisches Konzept, sondern besteht aus einzelnen Bausteinen, aus denen Lehrer und Erzieher ganz individuelle Trainingsprogramme, Erziehungshilfen und Interventionsstrategien entwickeln können. Im Curry-Camp werden Körper und Geist geschult; es herrscht eine bestimmte Kultur, es gibt feste Regeln und Rituale. Ziel ist es, Gewalt vorzubeugen und den Jugendlichen einen persönlichen Entwicklungsplan für eine gewaltfreie Zukunft an die Hand zu geben. Im Curry-Camp wird in der Gemeinschaft gelernt und gearbeitet, aber auch einzeln und allein. Alle Lernprozesse und Erziehungsmaßnahmen sind transparent.

Das Curry-Camp funktioniert wie ein Familienersatzsystem. Die Qualität der Beziehungen unter den Trainern und Lehrern ist entscheidend, aber auch die wertschätzende Beziehung zu und unter den Jugendlichen. Ihre Stärken und Potenziale sollen bewusst gemacht, gefördert und individuell weiterentwickelt werden. So werden Ressourcen erkannt, Stärken gestärkt und gewaltfreie Konfliktlösungsstrategien entwickelt, ohne die Grenzen eines anderen Menschen zu verletzen. Lernen über den Körper und den Sport verbindet und ergänzt sich mit kreativen und sozialen Problemlösungsstrategien. Die Jugendlichen lernen dabei, ihre Gefühle wahrzunehmen, zu benennen und angemessen auszudrücken. Sie lernen, gewaltlos selbstsicher zu werden und sich selbst zu behaupten.

Dazu erhalten sie klare Strukturen und Ziele, um ihr Verhalten zunächst mit Hilfe der Trainer und schließlich selbst zu kontrollieren und zu steuern. Dies wird in regelmäßigen Gesprächen untereinander, aber auch mit den Erziehern überprüft. Die Jugendlichen führen eine Art Tage- oder Logbuch, in dem sie ihre persönliche Entwicklung festhalten. Es wird während des Curry-Camps zum persönlichen Entwicklungsplan. Über die Einträge im Logbuch wird täglich gesprochen, zu Beginn des Tages oder am Ende. Im Curry-Camp lernen die Jugendlichen Regeln, Werte, Gefühle und Problemlösungsstrategien, nach denen sie in der „normalen" Welt gewaltfrei leben können.

Was bedeutet Gewaltvorbeugung?

1. Gewaltvorbeugung ist ein dynamischer, interaktiver Prozess und kein statischer Zustand und abhängig von

   - anthropologischen Voraussetzungen und Konsequenzen (z. B. Geschlecht, Alter, Nationalität, Familienstand, Kinder usw.)

   - soziokulturellen Voraussetzungen und Konsequenzen (z. B. Schulabschluss, Ausbildung, Wohnsituation, Beruf usw.).

2. Gewaltvorbeugung beruht auf einem Drei-Punkte-Fundament:

   - Wertesystem durch Wertschätzung

   - Bindungsverhalten durch Vorbilder

   - (Selbst-)Vertrauen durch (Selbst-)Sicherheit.

3. Gewaltvorbeugung heißt, Ressourcen zu fördern. Sie ist handlungsorientiert und umfasst den jungen Menschen in seiner

   - emotionalen Dimension: seine Gefühle und Einstellungen betreffend

   - kognitiven Dimension: seine Intelligenz und Kreativität betreffend

   - pragmatischen Dimension: seine Fähigkeiten und Fertigkeiten betreffend.

Fürs Leben lernen, nicht für die Schule

Eine gewaltfreie und zukunftsfähige Gesellschaft braucht starke Persönlichkeiten. Um dieses Ziel zu erreichen, ist es erforderlich, dass der Persönlichkeitsbildung in Familie, Kindergarten und Schule mehr Rechnung getragen werden muss. Unsere Schulen erinnern jedoch immer noch viel zu sehr an „Leistungsfabriken“. Dabei ist es ein weit verbreiteter Irrglaube, dass z. B. die Durchschnittsnote 1 im Abitur wirklich so etwas wie einen „guten“ Arzt, Lehrer oder Psychologen garantiert. Das Gegenteil ist eher zu befürchten. Wie vielen so genannten „guten“ Ärzten, Lehrern und Psychologen gebricht es im privaten und beruflichen Leben an Beziehungs- und Teamfähigkeit, Problemlösungsverhalten, lebenslanger neugieriger Weiterbildung, Demokratieverständnis, Konfliktfähigkeit, Toleranz, Solidarität und Einfühlungsvermögen, um nur einige Kompetenzen zu nennen? Um hinsichtlich dieser Persönlichkeitsmerkmale bessere Noten zu erlangen, müssten sich unsere Schulen anders ausrichten und individuelle, persönliche Entwicklungspläne für den einzelnen Schüler zulassen. Schulpädagogik, Erwachsenenbildung, Freizeitpädagogik und Sport müssten stärker miteinander vernetzt werden.

Die Schulen müssen mutiger werden und neue Formen der Leistungsbewertung erproben. Lernen sollte von innen nach außen erfolgen und nicht umgekehrt. Schulen, die die Persönlichkeitsbildung in den Mittelpunkt Ihrer pädagogischen Philosophie rücken, werden zu Bollwerken gegen Isolierung, Entfremdung, Sinnleere und Gewalt. Lebendiges Lernen und das Lernen lernen sollten dabei im Vordergrund stehen. Auch der Sport sollte eine zentrale Rolle einnehmen; schon von alters her diente er der Bildung und Sozialisation des Einzelnen, der dabei auch lernte, eigene Grenzen zu erfahren und zu respektieren und anderen Grenzen zu setzen.

Herausforderung für Lehrer und Erzieher

Mit dem Interventions- und Vorbeugungsprogramm des Curry-Camps gelingt es unter günstigen Bedingungen, straffälligen Jugendlichen eine dauerhaft gewaltfreie Zukunft zu ermöglichen, indem sie zu selbstsicheren und starken Persönlichkeiten erzogen werden, die eine hohe Resilienz haben, die Niederlagen als Sieg erleben können und siegen, ohne zu kämpfen. Eine solche positive Persönlichkeitsentwicklung ist nur zu erreichen, wenn Körper und Geist gleichermaßen angesprochen und gesellschaftlich anerkannte Werte vermittelt werden.

Eine solche Persönlichkeitsentwicklung sollte auch in der Aus- und Fortbildung von Lehrerinnen und Lehrern thematisiert werden. Im Curry-Camp erhalten sie Bausteine an die Hand, mit denen jugendliche Gewalt vermindert und Gewaltprävention betrieben werden kann:

- Richten Sie als Lehrer Ihren Blick auf die Ihnen zur Verfügung stehenden Gestaltungsmöglichkeiten!

- Nehmen Sie sich Zeit!

- Nutzen Sie Ihre Ressourcen!

- Bleiben Sie konstant und konsequent!

- Achten Sie auf das richtige Timing!

- Machen Sie aus Widerständen und Problemen Lösungen!

- Geben Sie den Kindern und Jugendlichen Perspektiven und Ziele!

Die Leitsätze des Curry-Kodex

Dieser „Ehrenkodex" und seine Leitsätze basieren auf einer Idee der Arbeitsgemeinschaft und gemeinnützigen Aktion „Jugend in eigener Sache" (www.jugend-in-eigener-sache.de). Sie wollen Jugendliche, die vom Weg abgekommen sind, im Zusammenhang mit dem Curry-Camp dazu anregen, im Sinne einer dauerhaften Gewaltlosigkeit über die eigenen Fähigkeiten und Verhaltensmuster nachzudenken und an ihnen zu arbeiten, um auch langfristig erfolgreiche Perspektiven zu entwickeln.

1. **Initiative:**
    Ich bin aktiv und ergreife
    die Chancen, die sich mir bieten.

2. **Eigenverantwortung:**
    Ich habe Ziele und verfolge sie.

3. **Handeln und Weitblick:**
    Ich berücksichtige beim Handeln
    die gesamte Situation und die Auswirkungen meines Tuns.

4. **Fleiß/Selbstdisziplin:**
    Ich bin fleißig und mache, was zu tun ist.

5. **Lernbereitschaft:**
    Ich will ständig dazulernen.

6. **Teamfähigkeit:**
    Ich komme mit anderen gut aus.

7. **Kommunikationsfähigkeit:**
    Ich gehe auf andere Menschen zu und
    drücke mich situationsgerecht aus.

8. **Einfühlungsvermögen:**
    Ich will andere verstehen.

9. **Belastbarkeit:**
    Ich handle überlegt, auch wenn ich
    Stress habe.

10. **Konfliktfähigkeit:**
    Ich kann mit schwierigen Situationen
    umgehen.

11. **Offenheit:**
    Ich bin offen für Neues.

12. **Reflexionsfähigkeit:**
    Ich denke oft darüber nach, was ich
    kann und was ich will.

Die Grundregeln des Curry-Camps

- Wir greifen andere nicht an.

- Wir schützen und helfen anderen, die angegriffen werden.

- Wir beziehen alle Kinder/Jugendlichen in unsere Aktivitäten ein.

- Wir melden jede Form von Aggression und Gewalt.

- Gewalt melden ist kein „Petzen".

- Wir denken erst nach, dann handeln wir.

- Ich halte mich zurück, wenn es angebracht ist.

- Jeder darf etwas sagen.

- Jeder darf ausreden.

- Ich bringe mich ein.

- Ich dulde die Meinung der anderen.

- Ich lache niemanden aus.

- Ich höre genau zu.

- Ich erzähle genau.

Weitere Regeln können individuell erarbeitet werden.

Ein neues Erziehungsdrehbuch schreiben

Das pädagogische Modell der schwedischen Vittra-Schulen, das auf den Säulen der persönlichen Entwicklung, Erziehungskultur und herausfordernden Lernsituation ruht, war das Vorbild für die Gestaltung der Curry-Camps: Die Vittra-Schulen zählen zu den führenden Privatschulen Schwedens. Die erste Vittra-Schule wurde in Sollentuna bei Stockholm gegründet. Heute gibt es in Schweden 29 Vittra-Schulen mit ca. 8800 Schülern zwischen einem und 19 Jahren. Ihrem Konzept zugrunde liegt die Idee, Kindern und Jugendlichen durch positive Lern- und Erziehungsprozesse verbesserte Lebensmöglichkeiten und Entwicklungschancen zu geben. Sie sollen so zu aufge-

klärten, aktiven und selbstbewussten Bürgern werden, die an einer starken sozialen Gemeinschaft mitwirken.

Die Erziehungskultur von Vittra kann mit einer Zwiebel verglichen werden. Ganz innen befinden sich die Werte und Normen, die oft schwer zu sehen und zu verstehen sind. Nach außen deutlicher erkennbar ist die nächste Schicht: die Verhaltensweisen, die sich an den Grundwerten persönliche Verantwortung, Klarheit und Individualität orientieren, ebenso die täglichen Handlungen. Am augenfälligsten sind aber Vittras Spielregeln, die äußerste Schicht der Zwiebel.

Spielregeln

Tägliche Handlungen

Verhaltensweisen

Werte und Normen

Die Vittra-Zwiebel
(mit freundlicher Erlaubnis der
VITTRA Utbildning AB 2008, www.vittra.se).

Die Vittra-Spielregeln

- Ich bin ein gutes Vorbild.

- Ich behandle jeden so, wie ich selbst behandelt werden möchte.

- Ich bewahre und schütze die Individualität des anderen.

- Ich sorge für Arbeitsruhe, sowohl bei mir selbst als auch bei anderen – das bedeutet, dass ich mein Handy ausschalte, sobald ich die Schule betrete.

- Ich übernehme Verantwortung für meine Gesundheit und mein Wohlbefinden – ich bringe keine Süßigkeiten, Kaugummi, Alkoholika oder Tabak in die Schule mit.

- Ich trage zu einem guten inneren wie äußeren Klima bei, zu meinem Wohlbefinden und dem der anderen.

- Ich ziehe meine Jacke und Schuhe aus, wenn ich in der Schule bin, und trage keine Kopfbedeckung.

In Anlehnung an das Vittra-Konzept hat es sich das Curry-Camp zur Aufgabe gemacht, den Kindern und Jugendlichen möglichst viele verbesserte und vor allem gewaltfreie Gelegenheiten zu bieten, für ihr Leben zu lernen, und zwar durch Erziehung und Lernen über Körper und Geist. Eltern und Schulen benötigen ein neues Drehbuch für die Kinder und Jugendlichen. Die folgende Grafik soll dieses Drehbuch veranschaulichen.

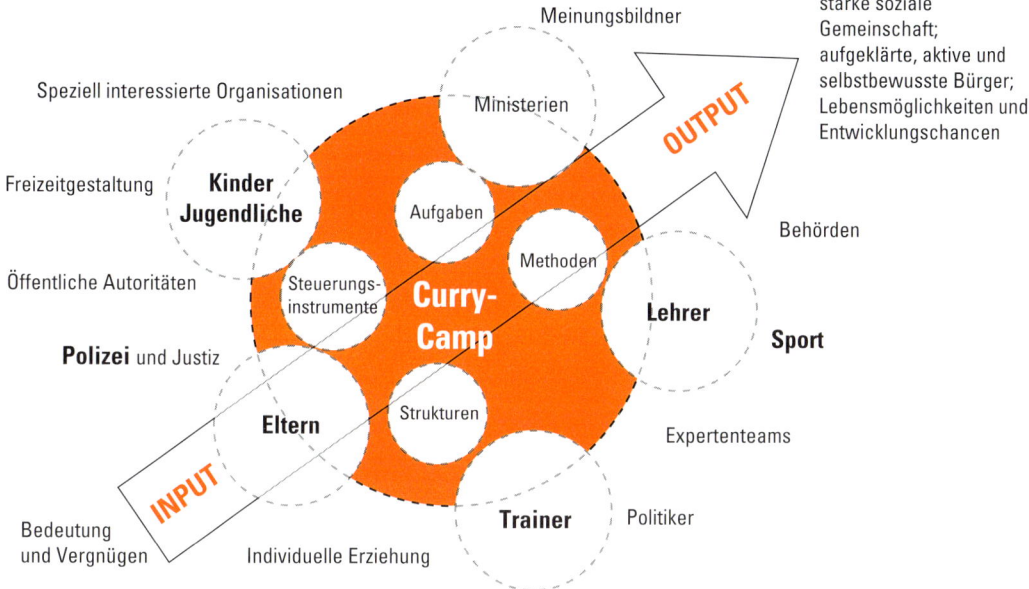

Die Mission des Curry-Camps ist es, kriminellen und straffälligen Kindern und Jugendlichen

!
- durch Sport und körperorientierte Lern- und Erziehungsprozesse verbesserte Lebensmöglichkeiten und Entwicklungschancen zu bieten;

- nachträglich erlebnisorientierte Sozialerfahrungen zu ermöglichen und „natürliche Rauschzustände" über körperliche Aktivität zu erleben;

- sich zu starken und selbstbewussten Menschen zu entwickeln, die für eine stabile, angst- und gewaltarme Gemeinschaft in der Gesellschaft sorgen und private und berufliche Zufriedenheit erlangen;

- die Entwicklung von Verantwortungsbewusstsein zu ermöglichen, Individualität und Klarheit zu fördern.

Darüber hinaus sollen Polizei, Schulen und Jugendhilfe in der Entwicklung gewaltvorbeugender, ressourcen- und zukunftsorientierter Möglichkeiten unterstützt werden.

Damit kriminelle und straffällige Kinder und Jugendliche einer gewaltfreien Zukunft entgegengehen können, brauchen sie jedoch Erfahrungen und Vorstellungen von dieser Zukunft. Sie müssen ihre eigene Geschichte kennen und die bisherigen Lernerfahrungen nutzen, um zu verstehen, was sie ändern müssen, damit sie in Zukunft ohne Gewalt auskommen. Voraussetzung für einen solchen positiven Lern- und Erziehungsprozess ist das Aufstellen eines persönlichen Entwicklungsplans (PEP).

159

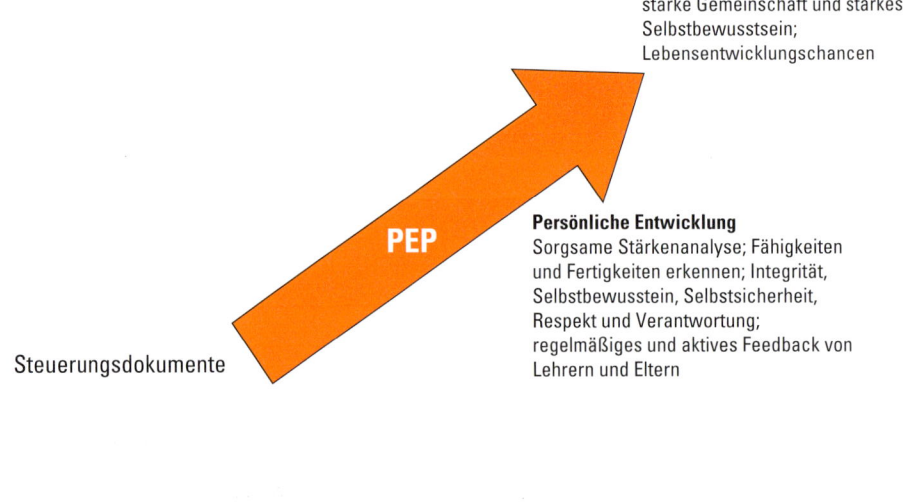

starke Gemeinschaft und starkes
Selbstbewusstsein;
Lebensentwicklungschancen

Persönliche Entwicklung
Sorgsame Stärkenanalyse; Fähigkeiten
und Fertigkeiten erkennen; Integrität,
Selbstbewusstein, Selbstsicherheit,
Respekt und Verantwortung;
regelmäßiges und aktives Feedback von
Lehrern und Eltern

PEP

Steuerungsdokumente

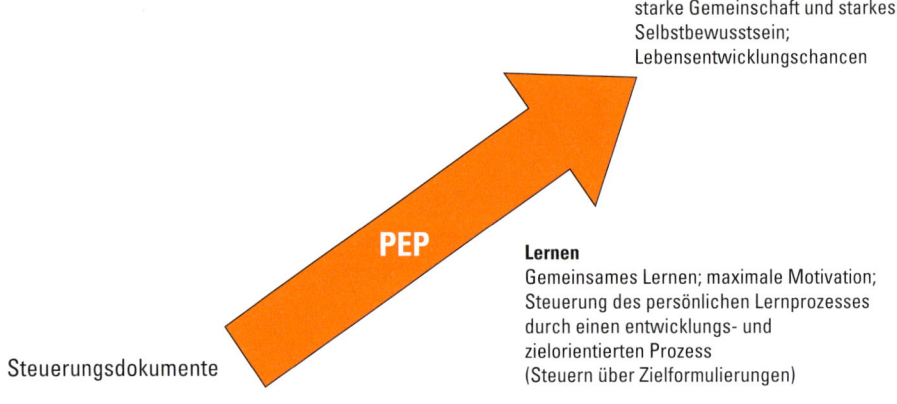

starke Gemeinschaft und starkes
Selbstbewusstsein;
Lebensentwicklungschancen

Lernen
Gemeinsames Lernen; maximale Motivation;
Steuerung des persönlichen Lernprozesses
durch einen entwicklungs- und
zielorientierten Prozess
(Steuern über Zielformulierungen)

PEP

Steuerungsdokumente

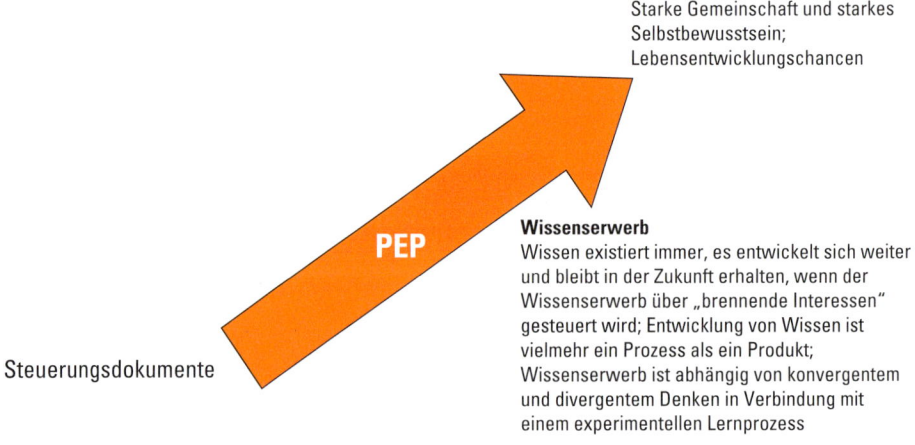

Starke Gemeinschaft und starkes
Selbstbewusstsein;
Lebensentwicklungschancen

Wissenserwerb
Wissen existiert immer, es entwickelt sich weiter
und bleibt in der Zukunft erhalten, wenn der
Wissenserwerb über „brennende Interessen"
gesteuert wird; Entwicklung von Wissen ist
vielmehr ein Prozess als ein Produkt;
Wissenserwerb ist abhängig von konvergentem
und divergentem Denken in Verbindung mit
einem experimentellen Lernprozess

PEP

Steuerungsdokumente

Die einzelnen Bestandteile des PEP

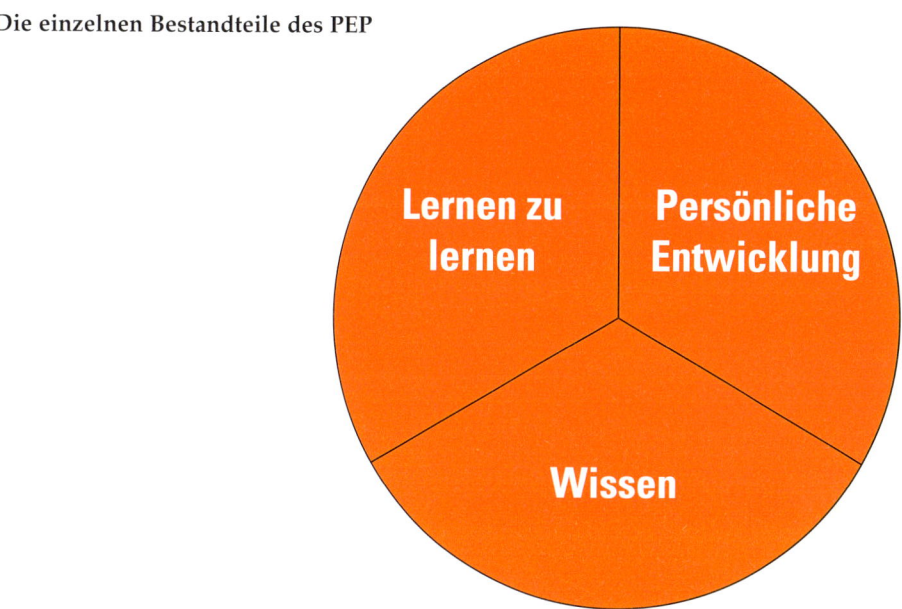

Lernen zu lernen

Fortschrittliches Lernen sollte in erster Linie von innen nach außen erfolgen und nicht nur von außen nach innen. Kindliches und jugendliches Handeln bestimmt die Lern-richtung und nicht umgekehrt.

Fortschrittliches Lernen
Von innen nach außen; ungerader Verlauf, orientiert sich am Handeln der Kinder.

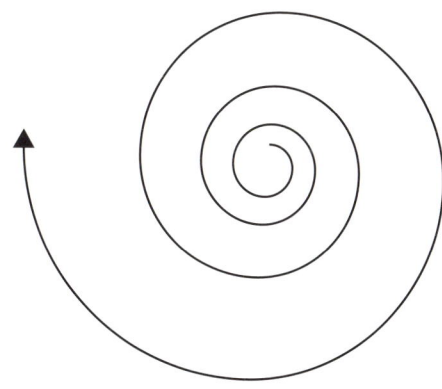

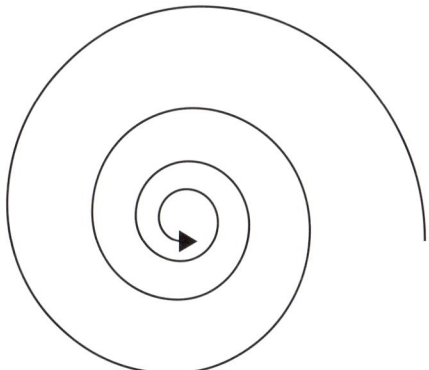

Traditionelles Lernen
Von außen nach innen; relativ gerader Verlauf; Risiko: Was gelernt wurde, muss nicht zwangsläufig in Handlung umgesetzt werden.

Der Lernzyklus im Curry-Camp

Was ist geschehen?

Wie kann ich das in neuen Lern-situationen nutzen?

Konkrete gegenwärtige Erfahrung

1

Aktive Überprüfung

4

2

Reflexion und Beobachtung

3

Was habe ich beobachtet?

Abstrakte Generalisierung

Welche Schlussfolgerungen kann ich ziehen? Was bedeutet mir das?

Persönliche Entwicklung

Die persönliche Entwicklung von Kindern und Jugendlichen ist abhängig von folgenden Bausteinen:

Körperliche Entwicklung

Kognitive Entwicklung

Sozio-emotionale Entwicklung

Kinder und Jugendliche durchlaufen ununterbrochen und kontinuierlich verschiedene Entwicklungsstufen. Dabei begegnen sie sehr unterschiedlichen und sich verändernden Entwicklungsthemen, die von äußeren Lebensereignissen beeinflusst werden. Die Entwicklungsthemen bestimmen das kindliche und jugendliche Entwicklungsverhalten.

Lernen und Entwicklung laufen nicht stetig steigend ab, sondern in Sprüngen:

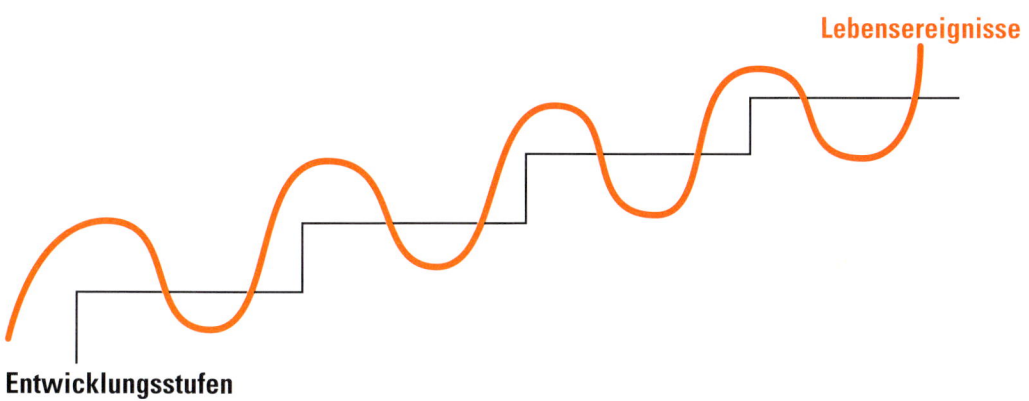

Lebensereignisse

Entwicklungsstufen

Wissen

Der Wissenserwerb erfolgt über unterschiedliche Lernzielstufen:
Ein Kind oder Jugendlicher kann etwas

- kennen,
- verstehen,
- aufnehmen,
- reproduzieren,
- anwenden,
- untersuchen,
- beurteilen,

- integrieren,
- anpassen,
- übertragen,
- kritisieren,
- interpretieren,
- einordnen.

Entwicklung von Wissen

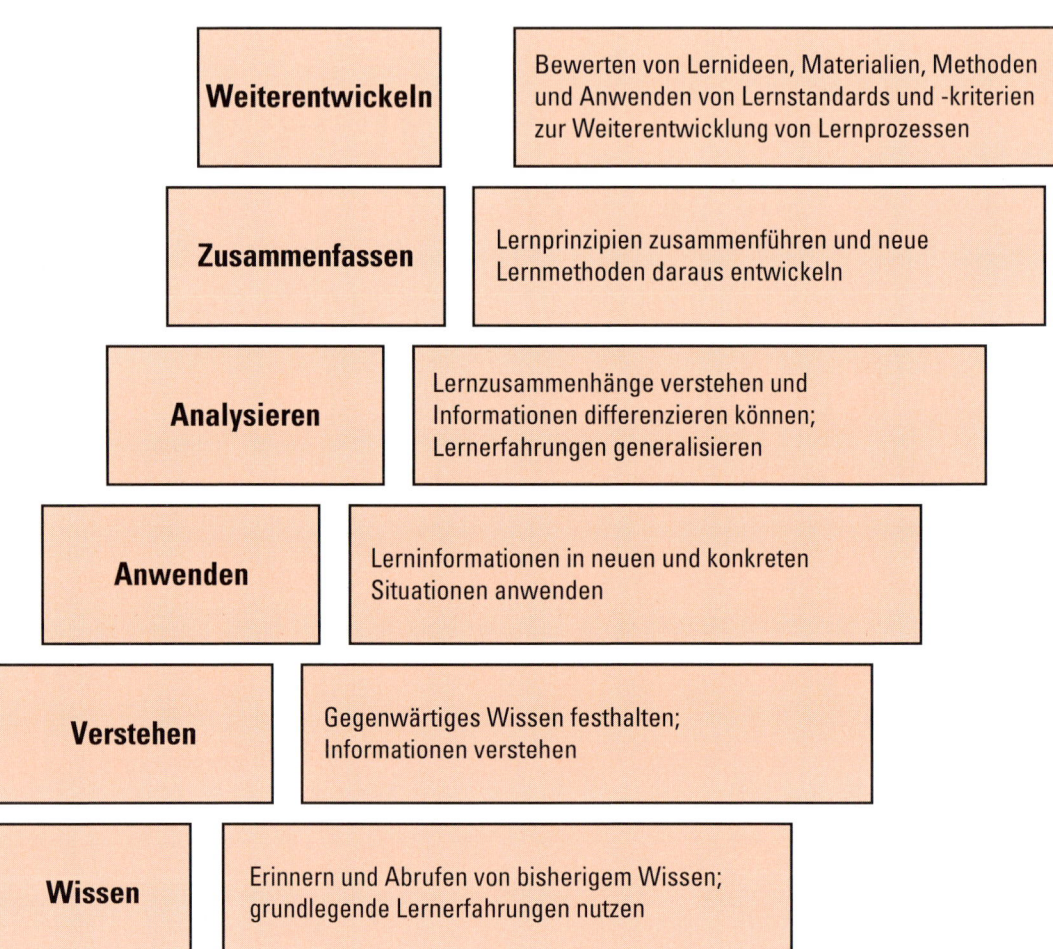

Wissen entwickelt sich bei Kindern und Jugendlichen über verschiedene Lernzielstufen. Dabei sind Qualität und Quantität des Lernprozesses abhängig von Entwicklungssprüngen.

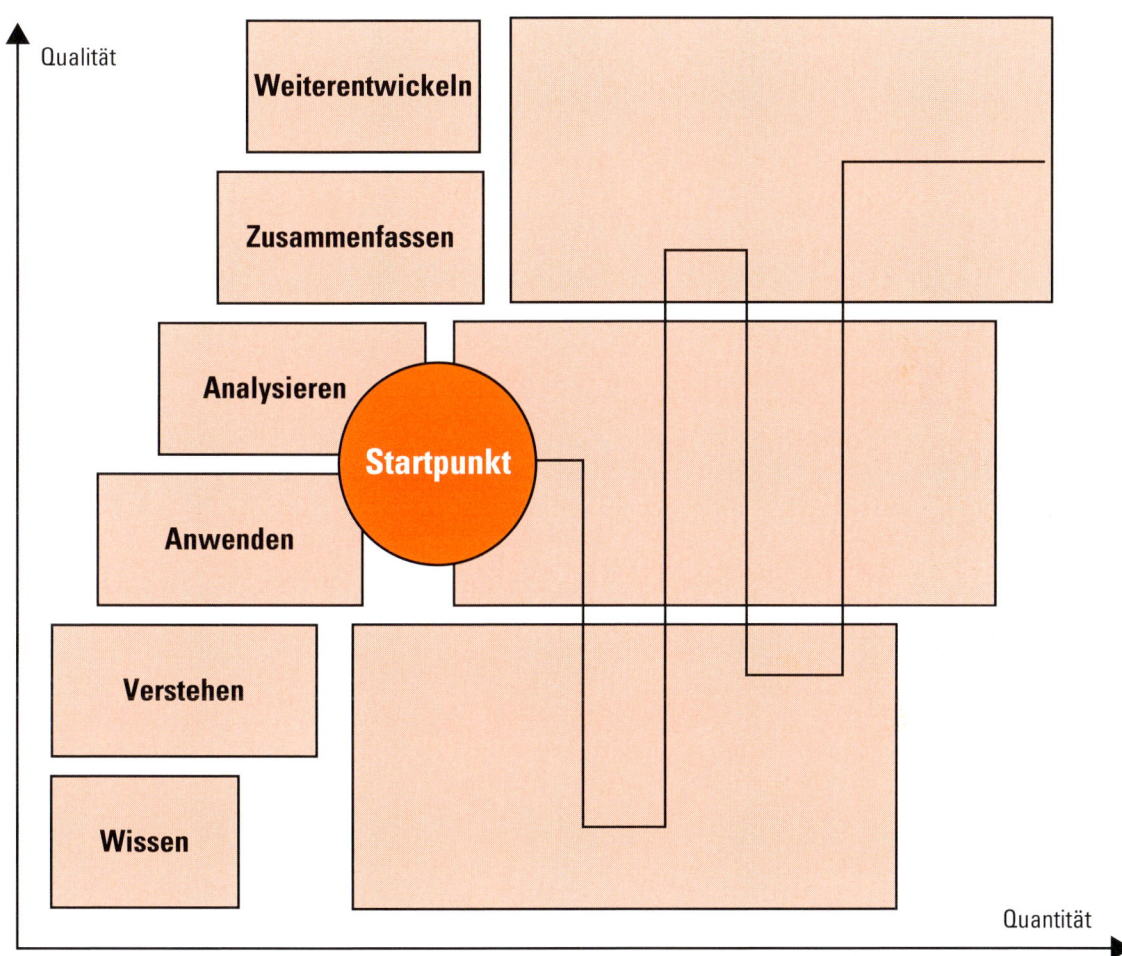

Das Lernen in Projekten und Themenschwerpunkten verschafft Kindern und Jugendlichen einen größeren Erfahrungs- und Wissensradius für folgende Bereiche:

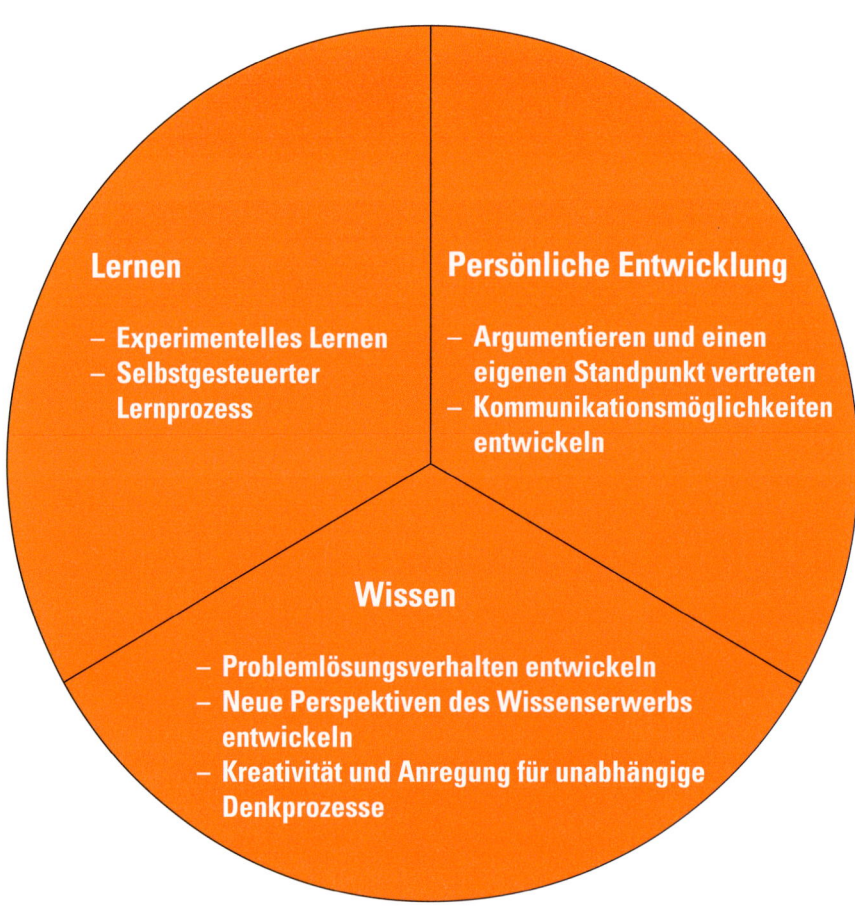

Lernen

– Experimentelles Lernen
– Selbstgesteuerter
  Lernprozess

Persönliche Entwicklung

– Argumentieren und einen
  eigenen Standpunkt vertreten
– Kommunikationsmöglichkeiten
  entwickeln

Wissen

– Problemlösungsverhalten entwickeln
– Neue Perspektiven des Wissenserwerbs
  entwickeln
– Kreativität und Anregung für unabhängige
  Denkprozesse

Das Curry-Camp-Pentagramm

Um Kinder und Jugendliche positiv zu erziehen und eine positive Veränderung in der Gesellschaft zu erzielen (weniger Gewalt, weniger Angst, mehr Lebensentwicklungsmöglichkeiten), müssen verschiedene Faktoren wirksam werden: Kinder und Jugendliche müssen wieder in den Mittelpunkt der Familien und der Gemeinschaft gerückt werden. Sie brauchen starke Vorbilder und einen persönlichen Entwicklungsplan, in dem sie gefördert und gefordert werden. Weiterhin ist eine hohe Transparenz der Ziele, Inhalte und Methoden der Entwicklungs- und Lernprozesse notwendig. Informationen und Transparenz geben Kindern und Jugendlichen Sicherheit und reduzieren ihre Ängste. Die Curry-Camp-Idee von einem positiven und gewaltfreien Erziehungspentagramm findet sich im Überblick in der folgenden Darstellung.

Starke Gemeinschaft und
starkes Selbstbewusstsein;
Lebensentwicklungschancen

OUTPUT

Aufgaben/Ziele
Individuelle Handlungspläne;
Von-Tag-zu-Tag-Aktivitäten;
Tagesziele, Wochenziele,
Monatsziele und Jahresziele

**Steuerungs-
instrumente**
Curriculum; Erziehungsaspekte;
Handlungspläne; Handbuch des
persönlichen Entwicklungsplans;
Zielvereinbarungen;
Auswahlverfahren; diagnostische
Testinstrumente zur Stärken-
Schwächen-Analyse;
Leitbildentwicklung

Menschen
Schüler, Eltern, Lehrer,
Expertenteams;
Spaß, Vergnügen, hohe
Motivation und
Selbststeuerung

Strukturen
Projektwochen;
Interessengruppen;
selbstgesteuerte
Lernprozesse;
Wissenstage;
Kulturtage

Methoden
PEP; Einzelgespräche;
Gruppengespräche;
tägliches Feedback;
Standortbestimmungen;
Bedürfnisanalysen;
Stärken/Schwächen;
Reflexionsvermögen;
Lernen zu lernen

INPUT

Die gewaltfreie Erziehungskultur
im Curry-Camp wird charakterisiert durch:

- **persönliche Verantwortung,**

- **Individualität,**

- **Klarheit.**

Das Curry-Camp-Eisbergmodell der gewaltfreien Erziehung

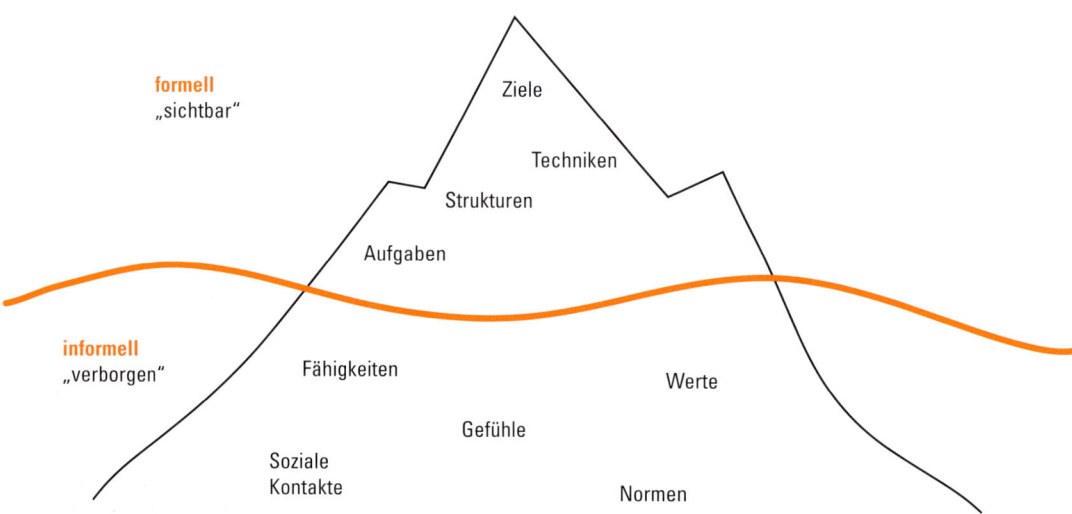

Kriminelle Kinder und Jugendliche sind wie Eisberge: Der größte Teil ihrer Persönlichkeit liegt im Verborgenen. Sichtbar sind nur das aggressive und gewalttätige Verhalten und Handeln, unsichtbar bleiben Gefühle, Motivationen, Ängste, Werte, Stärken, Fähigkeiten, Fantasien usw. Diese gilt es im gewaltfreien Erziehungsprozess an die Oberfläche zu fördern und sichtbar zu machen, um persönliche Entwicklungspläne zu gestalten und ein Maximum an Lebensentwicklungsmöglichkeiten zu erreichen.

Die Curry-Camp-Wertvorstellungen

Was ist gut und wonach lohnt es sich zu streben, um ein glückliches und zufriedenes Leben zu erreichen? Nach welchen Werten sollen wir unsere Kinder erziehen? Ein Problem der heutigen Zeit ist, dass Kinder nicht im Mittelpunkt der Familien stehen. Internationale Studien beschäftigen sich seit langem mit der Frage, welchen Einfluss Mütter und Väter auf die mittel- und langfristige Entwicklung ihrer Kinder haben. Aus wissenschaftlicher Sicht kann heute als gesichert gelten, dass vor allem die Qualität der Beziehung zwischen den Eltern einen Einfluss auf die Entwicklung der Kinder hat. Wenn diese Partnerschaft durch Werte gesteuert ist, kann sich das Kind mit ihnen konform entfalten.

Wichtige Werte

Folgende Werte sind die wichtigsten in unserem Leben und dem unserer Kinder und Jugendlichen, auch wenn sie heute manchmal nur noch kaum in unserer Gesellschaft zu finden sind:

Freundschaft, Vertrauen, Zuverlässigkeit/Treue, Geborgenheit, Ehrlichkeit, Gerechtigkeit, Leistungsbereitschaft, Bescheidenheit, Ernsthaftigkeit, Hilfsbereitschaft, Höflichkeit, Respekt, Pflichtbewusstsein, Mitgefühl/Empathie, Umweltschutz, gute Manieren, Toleranz, Mut, Selbstbeherrschung, Wertschätzung, Dankbarkeit, Durchsetzungsfähigkeit, Verantwortungsbewusstsein, Friedfertigkeit, die Fähigkeit, an etwas zu glauben, Ordnung, Tierliebe und Spielen.

Drei gesellschaftliche Hauptprobleme wirken sich negativ auf aggressive und gewalttätige Jugendliche und ihre Erziehung aus:

- **Verlust der traditionellen Werte in Familie, Schule und Freizeit**

- **Mangel an gesellschaftlich akzeptierten Vorbildern**

- **Funktionsverlust der Familie als solche**

Um zu starken, gesunden Persönlichkeiten heranzureifen, brauchen aggressive und gewalttätige Kinder und Jugendliche daher starke Vorbilder und ein emotionales Bindungsverhalten, das über Vertrauen und Sicherheit entsteht. Das Curry-Camp hilft ihnen, alte Werte neu für sich zu entdecken und sie für eine gewaltfreie und kreative Lebensgestaltung zu nutzen.

Zu guter Letzt …

Nun ist nur noch ein Weiteres erforderlich, damit aus diesen gesammelten Erkenntnissen auch nachhaltige Veränderungen für die gewaltfreie Zukunft der Jugendlichen resultieren:

der feste Wille aller Beteiligten!

Anhang

Literatur

Ayres, A. J.: Bausteine der kindlichen Entwicklung. Störungen erkennen und verstehen. Ganzheitliche Frühförderung und Therapie. Praktische Hilfe für Eltern, Berlin: Springer 1992

Bauer, J.: Warum ich fühle, was du fühlst, Hamburg: Hoffmann und Campe 2006

Bayerisches Landeskriminalamt: Gewaltvideos auf Schülerhandys, Handyfaltblatt der Polizei in Deutsch, Russisch, Tschechisch und Türkisch (www.polizei.bayern.de/muenchen/schuetzenvorbeugen/kinder-undjugend/index.html/13707)

Benner, T.: Cool bleiben statt zuschlagen, Horneburg: Persen 2006

Berckhan, B.: Die etwas intelligentere Art, sich gegen dumme Sprüche zu wehren. Selbstverteidigung mit Worten, München: Heyne 2001

Birkenbihl, V. F.: Trotz Schule lernen, München: mvg 1997

Bojack, B.: Gewaltprävention, München: Urban und Fischer 2001

Brooks, R./Goldstein, S.: Das Resilienz-Buch, Stuttgart: Klett-Cotta 2007

Bundesministerium des Innern/Bundesministerium der Justiz: Zweiter Periodischer Sicherheitsbericht, Berlin/Rostock: Publikationsversand der Bundesregierung 2006 (auch im Internet abrufbar unter www.bka.de)

Caspary, R. (Hrsg.): Lernen und Gehirn, Freiburg im Breisgau: Herder 2006

Deegener, G.: Aggression und Gewalt von Kindern und Jugendlichen, Göttingen: Hogrefe 2002

Duden: Das Herkunftswörterbuch, Band 7, Mannheim: Duden 1989

Erikson, E. H.: Kindheit und Gesellschaft, Stuttgart: Klett-Cotta 1984

Friedrich, J.: Internet und Currywurst, Hamburg: Carlsen 1997

Frierdich, J.: SMS und Currywurst, Stuttgart: Thienemann 1997

Fthenakis, W. E./Textor, M. R. (Hrsg.): Knaurs Handbuch Familie, München: Knaur 2004

Fthenakis, W. E./Oberhuemer, P. (Hrsg.): Spielend lernen, Troisdorf: Bildungsverlag Eins 2007

Gardner, H.: Abschied vom IQ. Die Rahmen-Theorie der vielfachen Intelligenzen, Stuttgart: Klett-Cotta 2005

Goleman, D.: Emotionale Intelligenz, München: dtv 1997

Gore, A.: Eine unbequeme Wahrheit. Die drohende Klimakatastrophe und was wir dagegen tun können, München: Riemann 2006

Grimm, P./Rhein, St.: Slapping, Bullying, Snuffing, Berlin: VISTAS 2007

Grundmann, M.: Die Niederlage ist ein Sieg, Düsseldorf/Wien: Econ 1983

Hacke, A./Sowa, M.: Der weiße Neger Wumbaba, München: Antje Kunstmann 2004

Hanh, T. N.: Schritte der Achtsamkeit. Eine Reise an den Ursprung des Buddhismus, Freiburg im Breisgau: Herder 1998

Hanke, O.: Klasse ohne Gewalt. 10 Bausteine für den Unterricht, Lichtenau: AOL-Verlag 2005

Hillenberg, L./Fries, B.: Starke Kinder – zu stark für Drogen, München: Kösel 1998

Jaede, W.: Kinder für die Krise stärken, Freiburg im Breisgau: Herder 2007

Jönsson, B.: Zeit. Wie man ein verlorenes Gut zurückgewinnt, Köln: Kiepenheuer und Witsch 2000

Kelder, P.: Die fünf Tibeter, Wessobrunn: Knaur 1989

Kerkeling, H.: Ich bin dann mal weg, München: Piper 2006

Klages, K.: Zitate des Lachens, Ort: Miniaturbuchverlag Leipzig 2007

Klees, K./Marz, F./Moning-Konter, E. (Hrsg.): Gewaltprävention. Praxismodelle aus Jugendhilfe und Schule, Weinheim: Juventa 2003

Kossak, H.C.: Lernen leicht gemacht, Heidelberg: Carl-Auer 2006

Lafer, J.: L: Lafer. Die Autobiografie, München: Collection Rolf Heyne 2007

Landessportbund (Hrsg.): Ringen und Kämpfen – Zweikampfsport, Duisburg: 2002

Largo, R. H.: Babyjahre. Die frühkindliche Entwicklung aus biologischer Sicht, Hamburg: Piper 1995

Largo, R. H.: Kinderjahre, München: Piper 1999

Liebrecht, E. (Hrsg.): Karate-Do und Gewaltverhalten, Landau: Verlag der Universität Landau 1993

Lüdke, Chr./Becker, A.: Der kleine Samurai Mio Mio Mausebär. Gemeinsam stark gegen Kinderängste, 2 Bände, Heidelberg: Psychotherapeuten Verlag 2007

Lüdke, Chr.: Zur Kritik von Erklärungsansätzen für Selbsttötungshandlungen, Lünen: Wuth 1992

Lüdke, Chr.: Wo ist das Paradies? Gedichte, Herdecke: Scheffler 1997

Lüdke, Chr./Clemens, K.: Kein Trauma muss für immer sein, Bergisch Gladbach: Edition Humanistische Psychologie 2003

Lüdke, Chr./Clemens, K.: Vernetzte Opferhilfe. Handbuch der Psychologischen Akutintervention, Bergisch Gladbach: Edition Humanistische Psychologie 2003

Lüdke, Chr./Becker A.: Der kleine Samurai Mio Mio Mausebär. Gemeinsam stark gegen Kinderängste, Heidelberg: Psychotherapeutenverlag 2007

Martens, E.: Vom Staunen oder die Rückkehr der Neugier, Leipzig: Reclam 2003

Mohn, L./von der Leyen, U. (Hrsg.): Familie gewinnt, Gütersloh: Bertelsmann Stiftung 2007

Möller, Chr. (Hrsg.): Drogenmissbrauch im Jugendalter, Göttingen: Vandenhoeck und Ruprecht 2005

Musashi, M.: Buch der Fünf Ringe, Düsseldorf: Econ 1993

Müller-Thurgau, C.P.: Lass uns mal 'ne Schnecke angraben, Düsseldorf: Econ 1983

Peseschkian, N.: Der nackte Kaiser oder: Wie man die Seele der Kinder und Jugendlichen versteht und heilt, München: Pattloch 1997

Peseschkian, N.: Steter Tropfen höhlt den Stein. Mikrotraumen – das Drama der kleinen Verletzungen, München: Pattloch 2000

Peseschkian, N.: Psychosomatik und Positive Psychotherapie, Frankfurt am Main: Fischer 2002

Reichmann, U.: Sportiv Thema. Selbstbehauptung und Selbstverteidigung, Leipzig: Ernst Klett Schulbuchverlag 1996

Renner, C.: Stark fürs Leben. Geistiges Karate für Kinder, Stuttgart: Pfeiffer bei Klett-Cotta 2005

Riemann, F.: Grundformen der Angst. Eine tiefenpsychologische Studie, München/Basel: E. Reinhardt 2002

Rosenberg, M. B.: Kinder einfühlend unterrichten, Paderborn: Junfermann 2005

Rosenberg, M. B.: Gewaltfreie Kommunikation, Paderborn: Junfermann 2005

Rugaas, T.: Calming Signals. Die Beschwichtigungssignale der Hunde, Animal Learn Verlag 2001 (auch als DVD) (www.animal-learn.de/verlag.php)

Rust, S..: Wenn die Giraffe mit dem Wolf tanzt, Burgrain: KOHA 2006

Scheibner, H.: Currywurst und Ewigkeit, Hamburg: Rasch und Röhring 1992

Siegert, W.: Der kleine, aber absolut unentbehrliche Currywurst Knigge, München: Literareon 2005

SOS Rassismus NRW: Spiele, Impulse und Übungen zur Thematisierung von Gewalt und Rassismus in der Jugendarbeit, Schule und Bildungsarbeit, Schwerte: Biblioviel 1996

SOS Rassismus NRW: Spiele, Impulse und Übungen zur Thematisierung von Gewalt und Rassismus in der Jugendarbeit, Schule und Bildungsarbeit, Band 2, Schwerte: Biblioviel 2002

Staub, G.: Mega Memory. Optimales Gedächtnistraining, Heidelberg: mvg 2007

Tartaglia, F.: Der Pfad der Flexibilität, Göppingen: Spectra-Design 2006

Timm, U.: Die Entdeckung der Currywurst, Köln: Kiepenheuer und Witsch 2000

Timm, U.: Die Entdeckung der Currywurst. Unterrichtsmodelle, Berlin: Cornelsen 2006

Timm, U.: Die Entdeckung der Currywurst. Interpretiert von Hans-Georg Schede, Freising: Stark 2004

Trenkle, B.: Das Ha-Handbuch der Psychotherapie. Witze ganz im Ernst, Heidelberg: Carl-Auer 1995

Van den Brouck, J.: Handbuch für Kinder mit schwierigen Eltern, Stuttgart: Klett-Cotta 1982

Voigt, D./Meck, S.: Gelassenheit, Darmstadt: Primus 2005

Wickert, U.: Der Ehrliche ist der Dumme, München: Heyne 1996

Wickert, U.: Gauner muss man Gauner nennen, München: Piper 2007

Adressen

Bundeszentrale für gesundheitliche Aufklärung (BZgA)

Ostmerheimer Straße 220
51109 Köln

Tel. +49 (0) 221/8992-0
Fax +49 (0) 221/8992-300

drugcom@bzga.de
www.drugcom.de

Deutscher Kinderschutzbund Bundesverband e. V.

Bundesgeschäftsstelle
Hinüberstr. 8
30175 Hannover

Tel. +49 (0) 511/3 04 85-0
Fax +49 (0) 511/3 04 85-49

info@dksb.de
www.dksb.de

Deutscher Karate Verband (DKV)

Am Wiesenbusch15
45966 Gladbeck

Tel. +49 (0) 2043/29880
Fax +49 (0) 2043/298813

info@karate.de
www.karate.de

FWU Institut für Film und Bild in Wissenschaft und Unterricht

Bavariafilmplatz 3
82031 Grünwald

Tel. +49 (0) 89/6497-1
Fax +49 (0) 89/6497-300

info@fwu.de
www.fwu.de

Kriminologische Zentralstelle e. V.

Viktoriastr. 35
65189 Wiesbaden

Tel. +49 (0) 611/15758-0
Fax +49 (0) 611/15758-10

info@krimz.de
www.krimz.de

Polizei (Prävention) Bundeskriminalamt

Fachbereich KI 35 – Öffentlichkeitsarbeit
65173 Wiesbaden

Tel. +49 (0) 61155/11999
Fax +49 (0) 61155/12323

info@bka.de
www.polizei.de

Polizeisportverein PSV Essen

Bundesweit die erste Anlaufstelle
für Selbstverteidigung für Kinder, Frauen,
Senioren; Selbstbehauptung, Selbstsicherheit, Meditations- und Entspannungs-
techniken

Polizeisportverein Essen 1922 e. V.,
Abteilung Karate

Eichenstr. 58a
45133 Essen

Tel. +49 (0) 201/58 20 90
Fax +49 (0) 201/58 86 82

psv.karate@t-online.de
www.karatedo-psv.de

WEISSER RING e.V.

Gemeinnütziger Verein zur Unterstützung
von Kriminalitätsopfern und zur Verhütung
von Straftaten e. V.

Bundesgeschäftsstelle
Weberstr. 16
55130 Mainz

Tel. +49 (0) 6131/83 03-0
Fax +49 (0) 6131/83 03-45

info@weisser-ring.de
www.weisser-ring.de

Internetadressen

**Aktiv gegen Gewalt – Praxishilfe für
Gewaltvorbeugung an Schulen:**

www.schule-bw.de/unterricht/
paedagogik/gewaltpraevention/

www.km.bayern.de/km/aufgaben/
gewaltpraevention

www.schulministerium.nrw.de/BP/
Schueler/index.html

Jugend in eigener Sache:

info@jugend-in-eigener-sache.de

www.jugend-in-eigener-sache.de

Rechtsradikalismus:

www.verfassungsschutz.de

Schulmodell Vittra:

www.vittra.se

Weitere interessante Quellen:

www.gewaltfrei.de

www.anschub.de

www.faustlos.de

das Gras wächst nicht schneller,
wenn man daran zieht

aus Afrika

Currywurst „La Ola"
Ein Rezept für 8 Spieße von Johann Lafer

in Lafers Soße könnt
ich jeden Tag baden

Le Val d'Or Restaurant GmbH

in Johann Lafers Stromburg
55442 Stromberg

Tel: 06724-9310-52
Fax:06724-9310-56

Geschäftsführer: Johann und Silvia Lafer

office@johannlafer.de
www.johannlafer.de

1		Baguette zum Aufbacken	Den rohen Baguette-Teigling für etwa 1 Stunde ins Gefrierfach legen, damit man das Brot später besser in dünne Scheiben schneiden kann.
4		Bockwürste, ohne Haut	Inzwischen die Würste in ca. 2 cm lange Stücke schneiden.
			Das angefrorene Brot der Länge nach in 8 etwa 2–3 mm dünne Scheiben schneiden (am besten mit der Aufschnittmaschine).
8		lange Holzspieße	Die Wurststücke auf 8 lange Holzspieße stecken und dabei die Brotscheiben zwischen den einzelnen Wurststücken wellenartig auffädeln.
100	ml	Öl zum Braten	Reichlich Öl in einer Pfanne erhitzen, die Wurstspieße darin goldbraun braten, auf Küchenpapier abtropfen lassen und zusammen mit der Currysauce servieren.

Currysauce:

30	ml	Olivenöl	Das Olivenöl erhitzen. Die Schalotten und den Knoblauch darin anbraten.
2		Schalotten, klein geschnitten	
2		Knoblauchzehen, fein gehackt	
1/2	EL	Curry	Alle Zutaten zugeben, sirupartig einkochen lassen und zum Schluss mit Salz, Pfeffer und Chili aus der Gewürzmühle abschmecken.
1	EL	Tomatenmark	
5		Cocktailtomaten, halbiert	
300	ml	Tomatensaft	
1		rote Chilischote, halbiert, ohne Kerne und fein gewürfelt Salz, Pfeffer, Chili aus der Gewürzmühle	

© by Johann Lafer

179

Über die Autoren

Es hat uns niemand daran gehindert dieses Buch zu schreiben. Danke!

Christian Lüdke

Jahrgang 1960. Dr. phil., approbierter Kinder- und Jugendlichenpsychotherapeut. Langjähriger psychologischer Ausbilder von Spezialeinheiten der Polizei in NRW. Seit 1997 Experte für die Betreuung von Gewalt- und Kriminalitätsopfern. Spezialisiert auf Gewaltvorbeugung und professionelles Gesundheitsmanagement für eine sichere Zukunft. Geschäftsführer der TERAPON Consulting GmbH (www.terapon.de) und Autor von Der kleine Samurai Mio Mio Mausebär (2007). www.christianluedke.de

Peter Trapski

Jahrgang 1946. Führungsfortbildung Spezialeinheiten der Polizei. Krisen- und Konfliktmanagement. Kampfkunstexperte und Karatelehrer (Sensei), 7. Dan Karate. Vormals Bundestrainer der Karate-Nationalmannschaften Deutschlands und Dänemarks. Intensive Auseinandersetzung mit Strategie und Ethik japanischer Kampfkünste. Beschäftigt sich systematisch seit mehreren Jahrzehnten mit der Weiterentwicklung von Trainings-/Sicherheitskonzepten und Gewaltvorbeugung für Kinder, Frauen und ältere Menschen. In Zusammenarbeit mit verschiedenen Ministerien führte er Kurse und curriculare Weiterbildungsgänge an Schulen und Einrichtungen der Erwachsenenbildung durch. Ein Samurai unserer Zeit. www.shotoryu.de

Andreas Becker

Jahrgang 1956. Professioneller Grafiker, Mediengestalter, Illustrator und freischaffender Künstler. www.creative-vision.de

Currywurst gegen Gewalt!

In der Führungsfortbildung der Spezialeinheiten der Polizei NRW trafen in den 1990er-Jahren zwei Dozenten aufeinander, die unterschiedlicher nicht sein konnten: Peter Trapski und Christian Lüdke. Der eine, Kampfkunstexperte und Karatelehrer, ein Urgestein, wie man es heute nur noch selten antrifft, der andere, ein „Psychobummel und Wanderprediger", wie die Sondereinsatzkommandos ihn gern nannten.

Der eine, beeinflusst durch eine intensive Auseinandersetzung mit Strategie und Ethik japanischer Kampfkünste, der andere, spezialisiert auf die psychologische Ausbildung von Spezialeinheiten und die Behandlung von Gewalt- und Kriminalitätsopfern, lernten wir uns mit unseren unterschiedlichen Stärken und Schwächen kennen. Heute sind wir Freunde und haben viel voneinander gelernt. In zahlreichen gemeinsamen Trainings, Seminaren und immer wiederkehrenden Belastungswochen gewannen wir auch das Vertrauen und den Respekt der Sondereinsatzkommandos, Mobilen Einsatzkommandos und Verhandlungsgruppen.

Unsere Seminare und Trainings sind anders als die klassischen Trainings. Durch die Vereinigung zweier völlig unterschiedlicher Philosophien und Strategien entstanden erstaunliche Techniken und Methoden. Knallharte Techniken und Strategien wurden angereichert mit emotionalen Wahrnehmungsinhalten. So lesen die Teilnehmer unserer Seminare Märchen, sehen sich Filme wie den Club der toten Dichter an, malen Bilder und vergleichen die Schlacht am Little Big Horn mit der eigenen Biografie. Nach anfänglicher konstruktiver Irritation bei den Teilnehmern können wir uns am Ende immer über durchweg positive Rückmeldungen freuen. Diese ermutigen uns, immer neue Wege zu gehen auf das eine Ziel hin: Menschen zu schützen und vor Gewalt zu bewahren und für stabile Persönlichkeiten zu sorgen. Denn der Mensch steht im Mittelpunkt aller unserer Aktivitäten. An seinen Grundrechten orientieren wir uns kompromisslos.

Die Grundrechte (Auszug)

Artikel 1

(1) Die Würde des Menschen ist unantastbar. Sie zu achten und zu schützen ist Verpflichtung aller staatlichen Gewalt.

Artikel 2

(1) Jeder hat das Recht auf die freie Entfaltung seiner Persönlichkeit, soweit er nicht die Rechte anderer verletzt und nicht gegen die verfassungsmäßige Ordnung oder das Sittengesetz verstößt.

(2) Jeder hat das Recht auf Leben und körperliche Unversehrtheit. Die Freiheit der Person ist unverletzlich. In diese Rechte darf nur auf Grund eines Gesetzes eingegriffen werden.

In diesem Buch haben wir unsere langjährigen Erfahrungen zur Gewaltbekämpfung und Gewaltvorbeugung zusammengeführt. Die Vermittlung von Werten ist sein Herzstück, und sie zu erhalten, zu schützen und weiterzuvermitteln ist Aufgabe aller Gewaltvorbeugung. Sein Motto „Currywurst gegen Gewalt" („Wer satt und zufrieden ist, prügelt sich nicht") stammt von Andreas Becker In ihm haben wir einen professionellen Illustrator gefunden, der die Bilder unserer Geschichten zum Leben erweckt. Als Vertreter des Neokompressionismus sind seine kreativen Visionen eine wertvolle Ergänzung und Bereicherung unserer Philosophie.

Wir reden Klartext und durchbrechen mit unserer Philosophie eingefahrene Denkmuster, stellen herkömmliche Ansätze immer wieder in Frage und entwickeln neue Lösungen zum Schutz von (potenziellen) Opfern. Wir wollen, dass diese lernen, sich ihre eigenen Ressourcen bewusst zu machen und effektiver zu nutzen.

Am Anfang von allem steht Lesen. Denn Lesen ist eine der besten Vorbeugemaßnahmen gegen Gewalt. Abgesehen von Sport und Currywurstessen.

**In diesem Sinne:
Guten Appetit!**

Essen und Lünen,
im Frühling 2008

*Peter Trapski,
Christian Lüdke
und Andreas Becker*

Und was denkt der Verlag über die Autoren?

„Die Würstchen schnappen wir uns!"

Wenn's um die Wurst geht, verstehen die beiden keinen Spaß:

Julia Rondot
(Leitung Verlagsbereich Gesundheitswesen)
und Annette Kerstein
(Programmbereichsleitung Psychotherapeutenverlag/sonstige Heilberufe)
von der Verlagsgruppe Hüthig Jehle Rehm.

Und was kommt danach?

Wir wissen zwar nicht, was die Zukunft bringt, aber wir arbeiten schon daran.

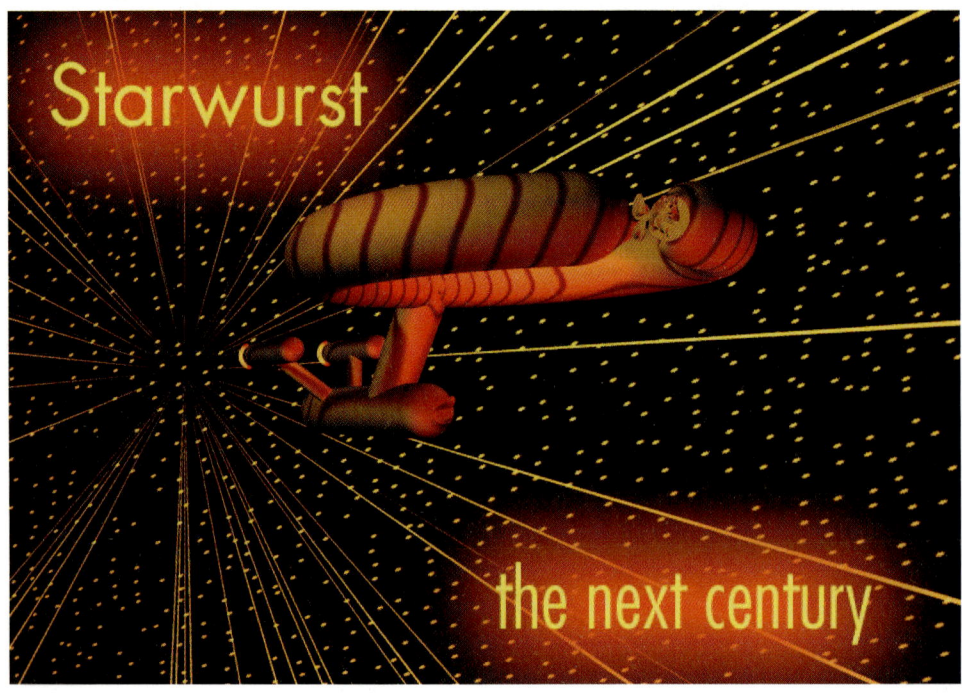

Und jedem stellt sich am Ende nur eine Frage:

Was ist das Geheimnis der Currywurst?

Das Geheimnis der Currywurst ist: „Ich war ein Schwein!"

Laotse sagt: Was die Raupe das Ende der Welt nennt, nennt der Rest der Welt Schmetterling.

Herta sagt: Was das Schwein das Ende der Welt nennt, nennt der Rest der Welt Currywurst.